So zähmen Sie Ihren inneren Schweinehund!

Marco Freiherr von Münchhausen ist promovierter Jurist, internationaler Keynote-Speaker und Autor mehrerer Bestseller, u.a. *Wo die Seele auftankt.* Er hält Vorträge zu den Themen Motivation, Selbstmanagement und Work-Life-Balance. 2002 wurde er mit dem Titel »Trainer des Jahres« ausgezeichnet; 2005 erhielt er den »Excellence Award« für hervorragende Leistungen als Referent.

Bei seinen Recherchen zu den psychologischen Hindernissen, die den Weg zu privater Zufriedenheit und beruflichen Spitzenleistungen blockieren, begegnete er immer wieder dem inneren Schweinehund. Heute gilt er als ausgewiesener Experte auf diesem Gebiet und hat durch seine Publikationen und zahlreiche Fernsehauftritte vielen Menschen geholfen, ihren kleinen Saboteur zum besten Freund zu machen.

Marco von Münchhausen

So zähmen Sie Ihren inneren Schweinehund!

Vom ärgsten Feind zum besten Freund

Illustrationen von Gisela Aulfes

Campus Verlag
Frankfurt/New York

Bibliografische Information der Deutschen Nationalbibliothek:
Die Deutsche Nationalbibliothek verzeichnet diese Publikation in der Deutschen Nationalbibliografie. Detaillierte bibliografische Daten sind im Internet unter http://dnb.d-nb.de abrufbar.
ISBN 978-3-593-38307-1

Limitierte Sonderausgabe 2007

Umschlaggestaltung: Pro Natur, Frankfurt
Satz: Fotosatz L. Huhn, Maintal-Bischofsheim
Druck und Bindung: Druck Partner Rübelmann, Hemsbach
Gedruckt auf säurefreiem und chlorfrei gebleichtem Papier.
Printed in Germany

Inhalt

Einführung

Große Unruhe herrschte auf der jüngsten Konferenz der Schweinehunde. Normalerweise geht es auf dieser Veranstaltung immer recht friedlich und lustig zu. Sie ist einer der Höhepunkte im Jahr der Schweinehunde. Das Treffen findet Anfang August statt, wenn die meisten Menschen Urlaub machen und daher gar nicht merken, dass der kleine Saboteur sie wieder für ein paar Tage verlässt. Auf dieser Konferenz tauschen die Schweinehunde ihre Erfahrungen aus und informieren sich über die aktuellen Trends. Stets mit Hochspannung erwartet wird die Preisverleihung für die besten neuen Tricks, wie sich die Vorhaben der Menschen erschweren oder gar verhindern lassen. Denn genau das ist eine ihrer Lieblingsbeschäftigungen: ihren »Herrchen« und »Frauchen« ins Handwerk zu pfuschen. Für diese sind die kleinen Störenfriede meist unsichtbar und werden nur als innerer Widerstand oder innere Stimme wahrgenommen. Deshalb sprechen die Menschen in diesem Zusammenhang oft vom »inneren Schweinehund«.

Im letzten Jahr also waren alle anwesenden Schweinehunde sehr aufgeregt. Ein bedrohliches Gerücht machte die Runde, und alle harrten gespannt auf den Bericht ihres Sonderkundschafters. Endlich bestieg dieser das Podium, und sofort verbreitete sich erwartungsvolles Schweigen im Saal. Was sie erfuhren, war für die meisten schlimmer, als sie befürchtet hatten:

Nach vielen Jahren ihrer nahezu unangefochtenen Stellung im Untergrund des menschlichen Alltags solle in Kürze ein von Menschen recherchiertes Buch über sie erscheinen, ein Buch über den so genannten inneren Schweinehund. Während die meisten der Anwesenden starr vor Schreck wurden und erbleichten, fuhr der Sonderkundschafter fort: In diesem Werk, so habe er erfahren, sollten ihre Aktionsfelder aufgedeckt, ihre ganzen Tricks und Taktiken entlarvt und – was am schlimmsten sei – den Leserinnen und Lesern Strategien angeboten werden, wie sie ihren inneren Schweinehund überwinden, ja sogar zähmen könnten.

Ein Aufschrei der Empörung ging durch die Menge. Nach allem, was er gehört habe – so der Kundschafter weiter –, seien die Darstellung ihrer Tricks so zutreffend und die Empfehlungen im Umgang mit ihnen so pragmatisch und erfolgsverdächtig, dass sie wohl nur auf Insiderinformationen beruhen könnten. Der Verdacht einer raffinierten Spionage oder gar eines Verrats aus den eigenen Reihen liege nahe. Es wurde beschlossen, man solle so schnell wie möglich versuchen, das Manuskript des Buches noch vor dessen Erscheinen zu bekommen, um auf einer Sonderkonferenz in drei Monaten über weitere Maßnahmen zu entscheiden.

Natürlich wäre dieses Buch schon viel früher erschienen, wäre da nicht der innere Schweinehund des Autors gewesen! – Wie hat er es nur geschafft, dass dieser das Schreiben des Buches immer wieder aufgeschoben hatte?! – Unverständlich: Viele sind doch froh, wenn man über sie schreibt – nur nicht der Schweinehund! Er weiß genau, dass er dabei mit seinen Tricks entlarvt wird und dass den Lesern verraten werden soll, wie man ihn zähmen kann – und das will wohl kein Schweinehund!

Der Schweinehund in uns taucht meistens dann auf, wenn wir eine Veränderung unserer Gewohnheiten vornehmen oder ein immer wieder aufgeschobenes Projekt endlich in Angriff nehmen wollen. Doch selbst wenn wir uns durchgerungen haben und im Begriff sind, etwas zu verändern oder umzusetzen, ruht er nicht und versucht uns mit allen Mitteln dazu zu bringen, unsere Bemühungen wieder aufzugeben. Seine Argumente sind banal, gleichzei-

tig aber genial und verführerisch, da sie unmittelbar einleuchten und uns meistens eine momentane Erleichterung oder Befriedigung versprechen.

In diesem Buch geht es natürlich auch um *Ihren* Schweinehund! Und das hat der kleine Störenfried schon gespürt, als Sie dieses Buch kaufen wollten. Vielleicht hat er versucht, Sie vom Kauf abzuhalten? Mit solch schlagkräftigen Argumenten wie »keine Zeit zum Lesen« oder »bringt ja doch nichts«? Einen ersten Sieg konnten diesmal allerdings Sie verbuchen – nicht er. Oder wurde Ihr Schweinehund schlichtweg überrumpelt, weil Sie das Buch geschenkt bekommen haben? Da wird er sich ganz schön geärgert haben! – Dass Sie mit dem Lesen angefangen haben, ist übrigens schon ein kleiner Erfolg – den ersten wichtigen Schritt haben Sie also schon getan. Der Rest ist dann gar nicht mehr so schwer!

Doch bevor Sie weiterlesen, erst noch eine grundlegende Frage: Wieso sprechen wir überhaupt von »unserem inneren Schweinehund«? Letztlich weiß doch jeder, dass es in der Realität gar keine Schweinehunde gibt, weder außen noch innen, und dass es sich hierbei lediglich um eine Metapher, ein sprachliches Bild, für unsere inneren Widerstände, unsere Unlust, unser Phlegma und unsere Neigung, Aufgaben zu vermeiden und aufzuschieben, handelt. Darüber sind wir uns unausgesprochen alle einig, Sie als Leser und ich als Autor. Was hat mich bewogen, ein ganzes Buch über dieses sprachliche Bild zu schreiben – und was veranlasst Sie dazu, es zu lesen? – Nun, angenommen, der Titel des Buches hätte gelautet *Ursachen und Auswirkungen innerer Widerstände des Menschen und mögliche Strategien selbigen zu begegnen* (denn darum geht es in Wirklichkeit!), hätten Sie es dann gekauft? Wahrscheinlich nicht – es sei denn aus beruflichen oder wissenschaftlichen Gründen. Aber vermutlich wäre es vom Verlag schon gar nicht veröffentlicht worden, und ehrlich gesagt hätte es mich gar nicht erst gereizt, ein Buch mit einem solchen Titel zu schreiben... denn zu so einem Projekt hätte ich meinen inneren Schweinehund selbst mit allen Tricks kaum überreden können.

Es bietet dagegen einige Vorteile, das Thema verpackt in die Metapher des inneren Schweinehundes anzugehen. Die folgenden zwei Aspekte sind meines Erachtens entscheidend:

Erstens: Nahezu jeder von uns, mich eingeschlossen, leidet in irgendeiner Form unter einem Teil seiner Persönlichkeit, unter seinen inneren Widerständen und Selbstüberwindungsproblemen. In der Figur des inneren Schweinehundes können wir uns diesen Teil *von außen* anschauen, mit etwas Abstand, so, wie wir einen Fremden in der Straßenbahn betrachten. Indem wir über ihn reden, distanzieren wir uns gleichzeitig von ihm und können ihn besser erkennen und verstehen und lernen, mit ihm umzugehen. Und *Distanz in eigenen Angelegenheiten* ist wahrlich eines der besten Selbststeuerungsinstrumente, die es gibt. Versuchen Sie, innerlich Abstand zu gewinnen, auf Distanz zu gehen, wann immer Sie im Leben in eine Angelegenheit negativ verstrickt sind und unangenehme Gefühle dazu haben. Wenn Ihnen das gelingt, sind Sie schon einen Schritt in Richtung Lösung unterwegs: Das Problem ist zwar noch nicht beseitigt, aber Sie können anders damit umgehen. Man sagt auch: »Wir müssen uns von den Dingen lösen, um zu Lösungen zu kommen.« Distanz bringt Klarheit in den Kopf und ermöglicht es, anders mit Problemen umzugehen - so auch, wenn wir unsere inneren Widerstände in der Figur des inneren Schweinehundes von außen anschauen.

Zweitens hat diese Metapher etwas recht Humorvolles. Die meisten Menschen können, wenn es um den inneren Schweinehund geht, ein gewisses Schmunzeln nicht verbergen. Ja, sie kokettieren sogar mit ihm. Er stört sie zwar, sie ärgern sich, doch sie lächeln auch über ihn – und das heißt letztlich über sich selbst. Und das ist mindestens genauso wichtig wie die Distanz: Dass man es schafft, ab und an über seine Fehler und Schwächen auch mal zu lächeln. Das heißt nicht, dass man sich nicht ernst nehmen sollte, aber eben

nicht so verbissen. Humor bringt Leichtigkeit ins Leben. Mit etwas Humor und dieser Leichtigkeit lassen sich die meisten Probleme und auch dieser kleine Saboteur in uns ganz anders angehen. Daher glaube ich, dass *Humor in eigener Sache* ebenfalls eines der besten Selbststeuerungsinstrumente darstellen kann.

Aus diesen beiden Gründen bekommen Sie hier eine uralte psychologische Thematik unseres menschlichen Daseins in der »Verpackung« des inneren Schweinehundes serviert: mit etwas gesunder Distanz zu uns selbst und mit einer Prise Humor.

Durch die Lektüre des Buches werden Sie für den Umgang mit Ihrem eigenen inneren Schweinehund wichtige Informationen bekommen:

In Teil I erfahren Sie, *in welchen Bereichen* unseres Alltags diese kleinen Blockierer und »Verhinderer« aktiv werden und wo überall sie unsere Vorhaben torpedieren. Dabei haben Sie die Möglichkeit, das *Tätigkeitsprofil Ihres eigenen Schweinehundes* zu ermitteln, um festzustellen, bei welchen Gelegenheiten er Ihnen am meisten zu schaffen macht.

In Teil II bekommen Sie Einblick in die vielfältige *Trickkiste der Schweinehunde*. Hierbei wird Ihnen bewusst werden, wie viel verschiedene und subtile Mittel die kleinen Feinde einsetzen können, um unsere Vorhaben zu Fall zu bringen, und welches die *bevorzugten Sprüche und Taktiken Ihres eigenen inneren Schweinehundes* sind. Diese Erkenntnis allein wird Ihnen schon helfen, den Sabotageversuchen nicht mehr so oft auf den Leim zu gehen.

In Teil III schließlich wird Ihnen gezeigt, *wie Sie mit Ihrem eigenen Schweinehund am besten umgehen*, um Ihre Vorhaben und Ziele mit mehr Erfolg und weniger Anstrengung zu erreichen. Die dargestellten *Strategien* sollen nicht dazu dienen, Ihren Schweinehund auf Dauer zu bekämpfen (ein Kampf, der sowieso nie ganz zu gewinnen ist), sondern ihn zu zähmen, ja sogar vom Feind zum Freund oder Verbündeten zu machen. Dadurch können Sie mit einem bisher eher störenden Teilaspekt Ihrer Persönlichkeit in Zukunft besser und kräftesparender umgehen und womöglich sogar Hand in Hand mit dem Schweinehund durchs Leben gehen.

Teil I

Der Schweinehund im Alltag

> Es geschah am Abend – da hat er wieder zugebissen! Ich wollte endlich wieder mal nach der Arbeit joggen, hatte schon Sportklamotten und Pulsuhr aus dem Schrank geholt – aber mein innerer Schweinehund hat sich so an mir festgebissen und mich aufs Sofa gezerrt, dass ich nicht mehr nachgeben konnte – ich blieb zu Hause. Die Folge: Heute plagt mich das schlechte Gewissen, weil ich so schwach bin!

Ach, Sie kennen das, den Kampf mit dem inneren Schweinehund? Das ist dieser unsägliche innere Widerstand, den wir immer wieder überwinden müssen, wenn wir etwas in unserem Leben verändern wollen.

Was ist das nur für eine Kraft, die uns oft abhält, etwas Neues anzugehen? Wieso sind so viele unserer guten Neujahrsvorsätze schon Mitte Januar »Schnee von gestern« geworden? Natürlich, es ist der innere Schweinehund! *Er frisst unsere Vorsätze! Daher ist Neujahr auch das »Festival der Schweinehunde«!* All die guten Vorsätze, die wir fürs neue Jahr fassen, lassen ihnen das Wasser in den Mäulern zusammenlaufen: So viel Futter ist ihnen selten vergönnt.

In meinen Vorträgen erzähle ich oft von folgendem interessanten Experiment:

> In ein Becken mit Piranhas ließ der Versuchsleiter in der Mitte eine Glasscheibe hinein, als sich alle Piranhas gerade zur Nahrungsaufnahme auf einer Seite des Beckens befanden. Dann schwammen die Fische wieder los und stießen an die Scheibe, die sie, da durchsichtig, nicht erkennen konnten. Immer wieder nahmen sie »Anlauf« – immer wieder stießen sie schmerzvoll gegen das Glas. Mit der Zeit lernten sie um, schwammen nur noch bis kurz vor die Glasplatte, um wenigstens den ihnen noch verbleibenden Lebensraum auszunutzen ... und gewöhnten sich daran. Nach einigen Wochen wurde die Glasplatte entfernt. Eigentlich würde man nun doch erwarten,

FESTIVAL

dass die Piranhas wieder höchsterfreut in den bislang abgetrennten Beckenteil schwimmen würden – aber nein, Sie werden es vielleicht schon ahnen, die Fische schwammen nach wie vor nur bis zur Beckenmitte und drehten dann um. Denn sie hatten gelernt: »Hier ist Schluss, hier geht's nicht weiter!«

Genau dem gleichen Phänomen begegnen wir in unserem Alltag immer wieder: den »unsichtbaren Grenzen« in uns, die uns abhalten, unsere Möglichkeiten voll auszunutzen, unser Potenzial zu entfalten, unsere Vorsätze Wirklichkeit werden zu lassen. Der Wächter dieser unsichtbaren Grenzen ist oft der innere Schweinehund, und wann immer wir uns aufmachen, sie zu überschreiten (um aus der gewohnten »Komfortzone« in die Zone des persönlichen Wachstums zu treten), so spricht eine vertraute Stimme in uns: »Komm, lass das lieber, das ist zu mühsam.« – »Das hat noch Zeit.« – »Das kannst du gar nicht.« – »Heute noch nicht.« – »Das könnte gefährlich sein.« – »Was sollen denn da die anderen denken!« und so weiter. – Die meisten Menschen kennen diese Sätze von ihren eigenen inneren Schweinehunden! Doch ist es nicht langsam an der Zeit, den beschränkenden Einfluss dieses kleinen Saboteurs auf uns zu mindern und die unsichtbaren Grenzen dort zu überschreiten, wo es um die Verwirklichung unserer Vorhaben und um unser persönliches Wachstum geht!?

Dafür gilt es als Erstes klar zu erkennen, in welchen Lebensbereichen uns dieser Saboteur immer wieder austrickst. Und das ist erfahrungsgemäß von Mensch zu Mensch sehr verschieden und beruht wohl darauf, dass unsere Schweinehunde unterschiedliche Begabungen und »Ausbildungen« besitzen. Infolgedessen haben sie sich – wie wir Menschen auch – spezialisiert. Zwar wird jeder Schweinehund in mehreren Alltagssituationen aktiv, aber fast alle haben – je nach Struktur und Persönlichkeit ihres Herrchens oder Frauchens – ein oder zwei Hauptaktionsfelder.

Zum Festival der Schweinehunde gibt es viele leckere Neujahrsvorsätze

Am größten ist die Zahl der feindlichen Widersacher in den Bereichen *Gesundheit, Fitness und Bewegung.*

Eine Seminarteilnehmerin berichtete, wie sie ständig gegen ihr Gewicht ankämpfe und es langsam satt habe, eine Diät nach der anderen durchzuziehen. Zwar hatte ihr Arzt ihr dringend geraten, Sport zu treiben. Aber hier sei ihr Schweinehund am mächtigsten. Dazu könne sie sich trotz aller Versuche nicht überwinden. Seit sie nun dabei sei, ihre Ernährung umzustellen, komme es schon beim Einkaufen zu den heftigsten Diskussionen mit ihrem unsichtbaren Begleiter – und nicht selten gelinge es ihm, sie wieder zu Pizza, Pommes und Sahnetorten zu verführen. Überhaupt liefere er ihr immer unzählige Ausreden, sogar wenn es darum gehe, ihre regelmäßigen Gesundheitschecks beim Arzt durchzuführen. Wie viel besser würde es ihr gehen, wenn es ihr gelänge, ihren Schweinehund in diesem Bereich zu bändigen!

Andere Menschen ringen mit ihren Schweinehunden, wenn es darum geht, *größere Projekte anzugehen und durchzuziehen* (sei es nun eine Prüfung, das Schreiben eines Buches oder eine Präsentation), oder generell *im Berufsalltag*, nicht nur, wenn notwendige Risiken einzugehen sind.

Ein Herr, den ich vor kurzem auf einer Zugfahrt zu diesem Thema interviewte, erzählte, ihm begegne der Schweinehund im Beruf an drei Stellen: Erstens, wenn es darum gehe, seine Zeitplanung zu machen und einzuhalten. Er sei schon auf etlichen Zeitmanagementseminaren gewesen und könne mittlerweile wohl selber eines halten. Aber sich am Vorabend aufzuraffen, um die Planung für den nächsten Tag zu machen, sei ein Kampf, den er oft verliere. Als Zweites säße sein Schweinehund oft dick und fett vor seiner Ablage und verhindere mit allen Tricks, diese endlich mal abzuarbeiten. Und zu guter

> Letzt, fuhr er fort, und das sei wohl am perfidesten, begegne er den verführerischen Ausreden seines Widersachers stets dann, wenn es darum gehe, bei beruflichen Entscheidungen ehrlich und integer zu bleiben, zum Beispiel einen unerfahrenen Kunden nicht zu übervorteilen, unseriöse Angebote abzulehnen oder ein Geschäft »ohne Rechnung« abzuwickeln. »Andere haben da doch auch keine Skrupel«, töne es da in ihm. Dann sei es oft nicht leicht, standhaft zu bleiben.

Manche Schweinehunde tauchen immer dann auf, wenn jemand endlich mal *Ordnung schaffen will.* Sei dies nun der Keller, die Garage oder der Speicher, der seit langem entrümpelt werden soll, Schreibtisch, Schränke oder Schubladen nebst Ordnern und Aktenstapeln, die geordnet werden müssten, oder die überfällige Gartenarbeit.

Unvergesslich wird mir mein eigener »Kampf mit der Garage« bleiben.

> Wir wohnten noch keine drei Monate in unserem neuen Haus, als schon so viele Sachen in der Garage herumstanden, dass ich mit dem Auto gar nicht mehr hineinkam – also stand das Auto draußen und das Gerümpel im Trockenen. Nach einem Jahr kam man kaum noch durch. Dass schleunigst entrümpelt werden musste, war klar, doch wer keine Lust dazu hatte, war mein innerer Schweinehund. Er hat es geschafft, die Aufräumaktion noch ein weiteres Jahr hinauszuzögern. Letztes Frühjahr – ich schrieb schon an diesem Buch – kam die subtile Frage meiner Frau: »Na, und erklärst du den Lesern auch, wie man dem Garagen-Schweinehund begegnet?« – Volltreffer! Mein Schweinehund jaulte auf. Am Samstag darauf machte ich mich an die Arbeit. Und – wie sollte es anders sein?! Schon mittags war ich fertig. Dreimal war ich zum Sperrmüll gefahren. Alles Übrige war gut sortiert. Es hatte mir sogar Spaß gemacht, und ich war sehr zufrieden mit mei-

> nem Einsatz. Nur eine Frage blieb: Wieso hatte ich das nicht schon früher getan?

Der Schweinehund der »Aufschieberitis« raubt uns immens viel Energie, und die verblüffende Erfahrung der meisten Menschen ist: Wenn man's endlich anpackt, ist es fast immer viel leichter als gedacht und sogar sehr befriedigend.

Das waren wohl – statistisch gesehen – die häufigsten, aber noch nicht sämtliche Schauplätze der Schweinehunde-Aktivitäten im Alltag. Immer wieder tauchen sie auf, wenn es darum geht, etwas *Neues anzupacken oder zu lernen*, sei dies eine Fremdsprache, ein Musikinstrument, Tanzen oder der Umgang mit dem Computer. Nicht selten höre ich in meinen Seminaren, wenn es um die Aktionsfelder des Schweinehundes geht, Geschichten wie diese:

> Anita, eine Hamburger Jurastudentin, hatte von ihrem Vater vor über einem Jahr einen neuen Laptop geschenkt bekommen, wusste aber immer noch nicht richtig damit umzugehen, ganz zu schweigen vom Internet. Seit langem wolle sie da mal »hinein« und surfen lernen. Aber: Der Schweinehund, der vor dem Computer sitze, werde von Tag zu Tag größer und komme ständig mit neuen Ausreden.

Ich ermunterte Anita, die Ausreden ihres Schweinehundes bis zum nächsten Seminartag einmal aufzuschreiben. Was sie uns am folgenden Morgen präsentierte, war eine wirklich interessante Sammlung:

- Das hast du doch gar nicht nötig, diese moderne Technik, das ist doch nur eine Modeerscheinung!
- Bisher bist du doch auch ohne Computer und Internet klargekommen!
- Mit der Hand schreiben ist viel vornehmer und persönlicher, es wäre doch schade, wenn das ganz aus der Mode kommt!
- Im Internet gibt's doch nur Sex und Gewalt, und du weißt überhaupt nicht, wer deine Daten speichert!

- Das Geflimmer ist für die Augen sowieso nicht gut, und es gibt heute sogar schon Web-Süchtige!
- Du wirst doch diese Tendenz zur vollständigen Technisierung und Anonymisierung nicht mitmachen!
- Computer und Internet sind einfach nichts für kreative und kontaktfreudige Menschen wie dich!
- Außerdem braucht man dazu erst mal einen richtigen Kurs; wenn du da was falsch machst, stürzt der Kasten ab und alle deine Daten sind weg – was dir übrigens bei schriftlichen Aufzeichnungen nicht passiert.
- Warte noch, die Technik entwickelt sich so schnell, in einem Jahr wird es viel einfacher sein einzusteigen. Also lass dir ruhig noch etwas Zeit damit!

Diese Ausreden kamen nicht nur den meisten anderen Seminarteilnehmern bekannt vor. Die Ausflüchte tauchen auch in Seminaren anderen Inhalts immer wieder auf. Wie Sie im zweiten Teil erfahren werden, sind die Schweinehunde auf ihren eigenen Fortbildungskursen ähnlich geschult worden ...

Und wo tritt er sonst noch in Erscheinung, der kleine Feind? Bei vielen Menschen, *wenn wichtige Entscheidungen anstehen*: im Beruf, in der Partnerschaft oder gar vor einem Wohnungswechsel. Auch hier ist der Schweinehund als »Aufschiebespezialist« am Werk. Genauso wie *im Kontakt mit anderen*: Wichtige Briefe lässt er uns nicht schreiben, unangenehme Telefonate nicht führen, fällige Einladungen oder erwartete Besuche hinauszögern und die Rückgabe entliehener Sachen schnell vergessen.

Wenn *Zivilcourage* gefragt ist, wird er besonders aktiv. Er hat's nicht gern, wenn wir in der Öffentlichkeit für etwas Partei ergreifen wollen; zu besorgt ist er dann, sich die Pfoten zu verbrennen. Angst um sein Fell hat er auch, wenn wir womöglich Risiken eingehen durch allzu offene Ehrlichkeit in Familie, Partnerschaft oder im Freundeskreis. Besser die Klappe halten, lautet seine Devise.

Ein weiteres beliebtes Betätigungsfeld dieses Widersachers: Er schaltet sich gern ein, wenn wir mal wieder für etwas »kulturellen Input« sorgen oder unsere Bildung ein wenig aufpolieren wollen. Dieses Vorhaben torpediert er. Zu leicht macht es sich der Schweinehund vor dem Fernseher gemütlich und versteckt das Buch, das doch endlich gelesen werden sollte.

Und sogar vom »*Nichtstun*« kann er uns abhalten. Nicht nur, wenn es darum geht, regelmäßig zu meditieren oder sich im Alltag »Auszeiten« zu nehmen, um innezuhalten, müssen sich viele überwinden. Manche bekommen es sogar mit ihm zu tun, wenn sie mal gar nichts tun wollen.

> Ich erinnere mich an einen Mann, der vor Energie nur so strotzte. Er hatte mit Selbstüberwindung keine Probleme und in seinem Leben alle Ziele erreicht, es gab keine Herausforderung, die er nicht meisterte. Als es im Seminar, an dem er teilnahm, darum ging, bis zum nächsten Tag eine so genannte Schweinehunde-Übung zu machen, irgendetwas, bei dem man mit dem eigenen Schweinehund in Kontakt käme, schaute er zunächst etwas ratlos. Alle waren am nächsten Morgen gespannt, welcher Herausforderung er sich gestellt hatte. Er lächelte etwas unsicher und sagte, er habe nichts getan, das sei ihm am schwersten gefallen: Es auszuhalten, nichts zu tun, während alle anderen etwas tun: Da begegne er seinem Schweinehund.

Dieser Seminarteilnehmer ist sicher nicht der Einzige, der sich überwinden muss, mal gar nichts zu tun!

Soweit die wichtigsten *Tätigkeitsfelder*, die in der Schweinehunde-Forschung ermittelt wurden. Mit Sicherheit ist damit aber der Aktionsbereich dieser seltsamen Wesen nicht abschließend erfasst. Im Übrigen kommen sie auch überall sonst zum Einsatz, wo ein

Gönnen Sie sich und Ihrem Schweinehund auch mal eine Pause!

Mensch *sich aufraffen und überwinden muss, um weiterzukommen,* oder *einer Herausforderung ins Auge zu blicken hat.*

Die folgende Übersicht zeigt die häufigsten Aktionsbereiche des inneren Schweinehundes. Anhand der Checkliste auf Seite 26 haben Sie dann die Möglichkeit, das *Tätigkeitsprofil Ihres eigenen Schweinehundes* zu ermitteln: *wo* er Ihnen im Alltag begegnet und *wie stark* er Sie dort beeinträchtigt. So können Sie sich nicht nur bewusst machen, in welchen Bereichen des Alltags Sie den Angriffen dieses Saboteurs immer wieder ausgesetzt sind, sondern auch, wie viele Dinge Ihnen persönlich *nicht* schwer fallen, während andere damit zu kämpfen haben.

Wo der Schweinehund regiert	
Bereich	**Insbesondere**
❶ Gesundheit und Ernährung	• Gesundheitschecks beim Arzt • Gesunde Ernährung, Abnehmen • Aufgeben ungesunder Gewohnheiten
❷ Fitness und Bewegung	• Regelmäßige Bewegung, z.B. Joggen, Fitnessstudio und sonstiger Sport • Verzicht aufs Autofahren
❸ Berufsalltag	• Regelmäßige Zeitplanung • Ablage abarbeiten • Ehrlichkeit und Integrität • Fortbildung
❹ Projekte über die Bühne bringen	• Ausbildung • Prüfungsvorbereitung • Abschlussarbeiten und Promotion • Präsentationen
❺ Neues anpacken oder lernen	• Umgang mit Computer/Internet • Tanzkurs • Musikinstrument • Fremdsprache

Wo der Schweinehund regiert (Fortsetzung)	
Bereich	**Insbesondere**
❻ Aufräumen und Ordnung halten	• Keller, Speicher, Garage • Gartenarbeit • Bügeln • Schreibtisch, Schubladen, Schränke • Akten und Ordner
❼ Vor wichtigen Entscheidungen	• Berufswahl oder -wechsel • Wohnungswechsel • In Beziehung und Partnerschaft
❽ Kontakte mit anderen	• Wichtige Briefe und Telefonate • Fällige Einladungen und Besuche • Rückgabe entliehener Sachen • Ehrlichkeit in Familie, Partnerschaft, Freundeskreis
❾ Zivilcourage	• In der Öffentlichkeit für eine Person oder Sache Partei ergreifen • Eine Rede halten • Engagement in Politik, Sozialem und Umwelt
❿ Bildung und Kultur	• Mehr lesen/weniger fernsehen • Theater, Konzerte, Vorträge und Ausstellungen besuchen • Innehalten und Ruhen
⓫ Innehalten und Selbstbesinnung	• Meditieren • Zeiten der »Einkehr« • Auch mal nichts tun
⓬ Allgemein	Bei allem, wozu wir uns aufraffen und überwinden müssen, oder wann immer wir einer Gefahr ins Auge blicken sollen

Tätigkeitsprofil meines Schweinehundes

Bei welchen Gelegenheiten begegnet mir mein innerer Schweinehund am häufigsten, und wo macht er mir am meisten zu schaffen?

Tätigkeit/Vorhaben	Schweinehund-Aktivität *gering* 1	2	3	4	5	*stark* 6
Aufräumen						
Gartenarbeit						
Finanzen klären						
Steuererklärung						
Früher aufstehen						
Sport, z. B. Joggen, Fitnessstudio						
Gesündere Ernährung						
Diäten, Abnehmen						
Gesundheitschecks beim Arzt						
Briefe schreiben oder beantworten						
Unangenehme Telefonate						
Aufgeschobene Besuche/Einladungen						
Computer/Internet						
Tanzkurs/Sprachkurs/Musikinstrument						
Bücher lesen						
Konzert/Theater/Ausstellungen						
Weniger fernsehen						
Größere berufliche Projekte anpacken						
Berufliche Entscheidungen						
Klärung von Beziehungsfragen						
Auseinandersetzung mit Kindern/Eltern						
Fälliger Wohnungswechsel						
Längst fällige/gewünschte Reise						
Persönliche Herausforderung angehen						
Rede halten						
Die eigene (ggf. unerwünschte) Meinung äußern/ Partei ergreifen für jemanden						
Mich zeigen, wie ich bin (mit meinen Schwächen)						
Regelmäßige Zeitplanung						
Meine Lebensvision klären						
Innehalten, Meditieren						
Auch mal nichts tun						

Tragen Sie nun die fünf wichtigsten Aktionsbereiche Ihres Begleiters in die folgende Darstellung ein. Auf diese Weise haben Sie nochmals klar vor Augen, wo er Ihnen am häufigsten begegnet.

Die fünf wichtigsten Aktionsbereiche meines inneren Schweinehundes
❶
❷
❸
❹
❺

Und dann schauen Sie sich doch bitte die Liste der Aktionsbereiche des Schweinehundes noch einmal an (*Wo der Schweinehund regiert,* S. 24 f.), um sich bewusst zu machen, dass da etliche Dinge aufgeführt sind, mit denen Sie überhaupt kein Problem haben, die Sie spielerisch umsetzen können und von denen Sie sich vielleicht nicht einmal vorstellen können, dass andere Menschen damit Schwierigkeiten haben.

Dieser zweite Schritt des Sich-Bewusst-Machens, dass es etliche Bereiche im eigenen Leben gibt, die einfach funktionieren, wo einem die Dinge einfach leicht von der Hand gehen, dieser zweite Schritt ist genauso wichtig, um das eigene Leben sinnvoll zu steuern, wie die schwierigen, problematischen Bereiche zu kennen. Es hilft uns zu einem gesunden (nicht überheblichen) Selbstbewusstsein. Denn leider verlieren wir die Dinge, die in unserem Leben in Ordnung sind, allzu leicht aus dem Blick, wie auch folgendes Experiment verdeutlicht:

> Einer Versuchsgruppe wurde ein Blatt mit zehn einfachen Rechnungen vorgelegt. Da stand beispielsweise 12 + 7 = 19; 26 – 4 = 22; 5 + 8 = 13 und so weiter. Unter diesen Rechnungen stand allerdings auch 37 – 5 = 33, also sofort erkennbar unrichtig. Die Frage an die Teilnehmer lautete: »Fällt Ihnen an diesem Blatt etwas auf?« – und alle, ausnahmslos alle antworteten spontan: »Da ist eine Rechnung falsch!« Keiner sagte: »Da sind neun Rechnungen richtig.«

Als ich von diesem Versuch zum ersten Mal hörte, war ich sehr betroffen. Die Erkenntnis ging mir durch und durch: »Dies ist die Haltung, mit der ich ganz oft durch's Leben gehe!« Ich wache morgens auf, und das Erste, auf das sich meine Gedanken fast automatisch richten, ist irgendein »Schrottproblem«, das ungelöst vom Vortag übrig geblieben ist (das eine »Falsche«) - während ich völlig zu vergessen scheine, dass ich gesund bin, eine gesunde Familie habe, einen Beruf, der mir Freude macht, Freunde, genug zu Essen, ein Haus in einem Wohlstandsland ohne Krieg oder Diktatur und so weiter und so weiter (die neun »Richtigen«). Dies muss ich mir tatsächlich immer wieder erst aktiv bewusst machen, sonst richtet sich der Focus meiner Aufmerksamkeit fast nur noch auf die Dinge, die nicht stimmen!

Eine Fehlfunktion unseres Gehirns? Keineswegs! Dieser Automatismus, der primär immer auf Fehlersuche ist, garantiert unser Überleben. Auf jedes Gefahrensignal reagieren wir schneller und stärker als auf erfreuliche Dinge. Nur so können wir uns sofort in Sicherheit bringen. Wenn sich der Neandertaler in der Wildnis in erster Linie an der schönen Landschaft, den Blumen und dem Vogelgezwitscher erfreut hätte, wäre er möglicherweise vom Bären gefressen worden, der hinter einem Baum seiner Aufmerksamkeit entgangen war.

Für unsere Sicherheit ist diese Fokussierung auf das »eine Falsche« also durchaus ein sinnvoller Mechanismus – für unser

Selbstwertgefühl und unsere Zufriedenheit mit unserem Leben dagegen nicht! Denn jede noch so kleine Unstimmigkeit kann wie ein Magnet unsere Aufmerksamkeit in Beschlag nehmen, und jede Niederlage gegenüber unserem inneren Schweinehund kann unser Selbstbewusstsein und unseren Lebensmut torpedieren.

Wenn Sie also mal wieder völlig frustriert sein sollten, dass Sie zum wiederholtem Male etwas nicht geschafft haben, mit dem Sie womöglich schon Ihr Leben lang ringen, dann machen Sie sich in solchen Augenblicken ruhig bewusst, dass es etliche andere Bereiche und Angelegenheiten gibt, die Ihnen einfach gut gelingen und in denen Ihr innerer Schweinehund keinerlei Chancen hat, Sie zu sabotieren. Nicht, damit Sie sich darauf ausruhen, sondern damit Sie nicht emotional »in den Keller« rauschen. Mit gestärktem Selbstbewusstsein können Sie dann erneut den Bereich angehen, in dem Sie gerade eine Niederlage erlitten haben. Und mit den Strategien aus Teil III dieses Buches wird Ihnen das auch leichter fallen.

Deswegen ist es so wichtig, nicht nur die Aktionsbereiche seines Schweinehundes genau zu kennen, sondern sich auch bewusst zu machen, wo er einen in Frieden lässt.

Der nächste Schritt ist nun festzustellen, mit welchen Mitteln Schweinehunde im Allgemeinen und Ihrer im Speziellen am Werk sind. Teil II des Buches gewährt Ihnen einen nahezu umfassenden Einblick in die Trickkiste dieser Scharlatane.

Teil II

Tricks und Taktiken der Schweinehunde

An einem geheimen Ort, fernab jeglicher Zivilisation, soll sich in einer großen Höhle die Schweinehunde-Schule befinden. Dies jedenfalls wird von einer Reihe nicht unbedeutender Schweinehunde-Forscher berichtet. Während ihre späteren Herrchen und Frauchen noch in den Kinderschuhen stecken, erhalten die jungen Schweinehunde dort eine solch perfekte Ausbildung wie ein Geheimagent. Sie lernen nicht nur alle möglichen Tricks und Taktiken, sondern vor allem, »im Untergrund« zu arbeiten, also weitgehend unbemerkt zu agieren. Einer der Grundsätze ihrer Ausbildung lautet folglich:

**Solange du nicht bemerkt wirst,
kannst du ungestört agieren.**

Und das scheinen die kleinen Saboteure mit den ach so raffinierten Tarnkünsten hervorragend zu beherrschen. Die meisten Menschen erkennen erst hinterher, dass sie daran »gehindert wurden«, ein Vorhaben zu verwirklichen oder sich zu überwinden, etwas Schwieriges anzugehen. Sie werden sich des inneren Schweinehundes fast immer erst bewusst, wenn er schon »zugeschlagen« hat, beispielsweise einen Vorsatz erfolgreich sabotiert (= gefressen) hat. Viele Erwachsene geben, wenn man sie nach ihrem inneren Schweinehund fragt, zu: Ja, ja, natürlich hätten sie einen (den hätte doch wohl jeder) – aber bewusst spüren? Selten!

Ob die Theorie von der Schweinehunde-Schule wirklich stimmt oder alles nur ein Märchen ist? Wer weiß! – Es spricht jedoch einiges für deren Existenz, denn fest steht: Der innere Schweinehund ist einer der raffiniertesten Geheimagenten, die es gibt. Wie ist das nur möglich, wie können wir uns als erwachsene, intelligente Menschen so austricksen lassen, ohne es richtig zu bemerken? Dafür gibt es *zwei Hauptursachen*:

- Wir haben uns an unseren inneren Schweinehund schon so *gewöhnt*, ja, das Aufschieben oder Unterlassen von Dingen ge-

schieht bereits so *automatisch*, dass wir es oft gar nicht mehr bemerken.

- Schweinehunde sind *Meister der Verkleidung* und können sich tatsächlich hervorragend verstecken. Man kann sie nicht einmal riechen. (Es stinkt einem erst, wenn sie erfolgreich waren!) Vor allem aber sind sie hoch intelligent und äußerst kreativ im Produzieren von *Ausreden*, insbesondere in der beliebten Ja-aber-Form. Oft geht es dann wie im bekannten »Hase-und-Igel-Wettlauf«: Der Schweinehund ist mit seinen Einwänden und Ausreden immer schon da!

Wenn wir dieser Situation ein Ende setzen und uns nicht weiter sabotieren lassen wollen, ist der erste entscheidende Schritt, die verschiedenen *Tricks und Taktiken* unseres inneren Schweinehundes *kennen zu lernen*. Dann bemerken wir ihn leichter, wenn er uns wieder einmal ins Handwerk pfuschen will. Gegen einen unsichtbaren Gegner hat man nämlich kaum Chancen – erst wenn man weiß, wo er steht und mit welchen Tricks er operiert, ist es möglich, ihm wirksam entgegenzutreten!

Unser Schweinehund kann unsere Vorhaben *zu unterschiedlichen Zeitpunkten sabotieren*:

- Er kann bereits *im Vorfeld den Entschluss* zum Handeln verhindern.
- Er kann dafür sorgen, dass der Wurm *in der Entscheidung selbst* steckt.
- Und wenn er damit immer noch nicht erfolgreich war, wird er sich darauf verlegen, *die Ausführung* zu sabotieren, um uns *hinterher* unser Bewusstsein zu vernebeln und uns bei jedem aufkeimenden Zweifel tröstend »einzulullen«.

Die Schweinehunde-Schule: hier lernen sie ihre raffinierten Tricks

1.
Der verhinderte Entschluss

Am liebsten wird unser Schweinehund vorbeugend tätig: Er greift tief in die Trickkiste, um mögliche Entscheidungen bereits im Keim zu ersticken, die in irgendeiner Weise mit Selbstüberwindung, dem Angehen eines lange aufgeschobenen Projektes oder der Änderung von Gewohnheiten zu tun haben könnten. Ja, solange wir uns in gewohnten Bahnen bewegen und nichts Neues auf uns zukommt, scheint er behaglich zu schlafen. So gerät er im Alltag oft völlig in Vergessenheit. Aber schon beim ersten Anzeichen eines Gedankens, Neuland zu erobern und etwas zu verändern, läuten bei ihm alle Alarmglocken. Augenblicklich wird er hellwach. Und schnurstracks beginnt er, all seine Register zu ziehen, um uns – natürlich unbemerkt – dazu zu bringen, das angedachte Vorhaben möglichst sofort wieder zu verwerfen. Seiner Fantasie scheinen dabei keine Grenzen gesetzt zu sein. Und das Problem bei der Sache ist: *Je intelligenter der Mensch, desto einfallsreicher ist sein Schweinehund!*

Hier die beliebtesten »Schlager« aus seiner Trickkiste, gewürzt mit den 20 Merksätzen der Schweinehunde-Fibel (die jüngste Entdeckung der Schweinehunde-Forscher).

Die Trickkiste eines Schweinehundes ist schier unerschöpflich

Unmöglichkeitstaktik

Meine Cousine Marion hatte sich über eine lange Zeit hinweg ihre jährliche Steuererklärung von ihrem Vater machen lassen. Nach dessen Tod erwog sie, dies selbst in die Hand zu nehmen, um so die Kosten für einen Steuerberater zu sparen. Ihre Freundinnen, die ihre Steuersachen alleine regelten, bestärkten sie in ihrem Entschluss. Das sei gar nicht so schwer und an einem Wochenende »locker« zu schaffen. »Na, mal sehen, ich werde mir das Ganze mal anschauen und dann entscheiden.« Am nächsten Samstag begab sie sich in ihr Arbeitszimmer und nahm sich die Formulare und die Ordner mit ihren Steuersachen vor. Doch es dauerte nicht lange, da kam sie nach Durchsicht der (schwer verständlichen) Formulare und angesichts der Berge ungeordneter Rechnungen zu der klaren Erkenntnis: »Unmöglich! Das ist ja nicht zu bewältigen; wie soll man denn da durchblicken – das schaff ich nie!« Fast mit Erleichterung räumte sie alles wieder weg und verabredete sich mit Robert, ihrem Freund. Als sie auch ihn davon überzeugt hatte, dass sie der Sache nicht Herr werden würde, war auch schon entschieden, wer die Steuererklärung für sie machen würde ... Zufrieden grinste ihr kleiner Schweinehund und naschte von ihrer Sahnetorte – sozusagen als Dessert für den gerade verspeisten Vorsatz.

Merksatz Nr. 1
Der Glaube
an die Unmöglichkeit des Vorhabens
schützt die Berge
vor dem Versetztwerden!

Unmögliches anzugehen ist Zeitverschwendung. Das weiß doch schließlich jeder! Deshalb kommt unser Schweinehund gerne mit dem Vorschlag angetrabt, ein Vorhaben schlicht als unmöglich zu bezeichnen. Am liebsten serviert er uns allgemeingültige »Unmöglichkeitsformeln« wie:

- »Das geht doch gar nicht!«
- »Das kann doch kein Mensch!«
- »Das ist schier unlösbar!«
- »Das klappt doch nicht!«
- »Das ist viel zu schwierig!«

Mit derlei Ausreden werden wir vor uns selbst von jeder Verpflichtung zum Handeln entbunden, ja wir brauchen logischerweise nicht einmal einen entsprechenden Entschluss zu fassen. »Impossibilium nulla est obligatio« (zu etwas Unmöglichem kann man nicht verpflichtet sein), sagten schon die weisen Römer. Also folgen wir doch der alten Weisheit – und lassen's lieber gleich! Denn: Was niemand kann, kann doch auch ich nicht »können müssen«! – Und selbst wenn man es trotz dieser Einstellung versuchen sollte, wird einem der eigene Schweinehund mit Sicherheit beweisen, dass er Recht hatte.

»Ich kann nicht ...!«, »Ich schaff das nicht!« sind typische *Suggestionen* des Schweinehundes. Besonders liebt er die Variante der *verabsolutierenden Zukunftsprognose*: »Das werd ich nie schaffen!« Kein Wunder, wenn wir bei einer derartigen Dauer-Schlechtwettervorhersage unser gewohntes geistiges Dachgeschoss nicht verlassen möchten! Die empirische Variante davon lautet: »Ich hab's ja schon versucht – und es hat nicht geklappt!« (»Wusst ich's doch!«)

Und wenn es manchmal auch nicht ganz unmöglich ist, so erscheint es doch genauso unzumutbar, etwas in Angriff zu nehmen, das »sich nicht lohnt« oder »keinen Sinn hat«. Ja, da werfen viele Menschen schon vorher die Flinte ins Korn, um sich selbst damit die Sinnlosigkeit des Vorhabens zu beweisen (was man fachsprachlich als eine »Self-fullfilling Prophecy« bezeichnet). Und: *Je pessimistischer die Lebenseinstellung des Schweinehund-*

Besitzers ist, desto häufiger benutzt er solche Unmöglichkeitsformeln.

In Wirklichkeit bedeutet diese geschickt verpackte Ausrede: »Ich will nicht!«, »Ich trau mich nicht« oder »Dazu bin ich viel zu bequem!« (Weitere »Übersetzungshilfen« hierzu finden Sie in Teil III ab Seite 118.)

Aber, könnten Sie nun einwenden, es gibt doch einige Dinge, die *wirklich* unmöglich sind! – Natürlich, doch um die geht es hier nicht. Es geht vielmehr um die vielen Vorhaben, die *an sich* durchaus möglich wären, bei denen wir uns aber die »Unmöglichkeit« vorher von unserem Schweinehund bescheinigen lassen. Und welche Projekte das sind, wissen wir, wenn wir ehrlich sind, ganz genau!

Trickreiche Variante der Unmöglichkeitstaktik ist die weitverbreitete *Pseudo-Unmöglichkeit »keine Zeit«*. Wie oft und wie schnell wird doch im Alltag ein Vorhaben oder ein Wunsch abgelehnt mit der Behauptung, dafür hätten wir leider »keine Zeit«.

»Könntest du mir am Wochenende vielleicht beim Umzug helfen?«, fragt jemand seinen Freund. – »Das würde ich ja von Herzen gerne tun, wirklich, aber leider habe ich keine Zeit!« (Leider! Wo er es doch so gerne tun würde!) – »Ich müsste mich dringend mal ein paar Tage erholen, ausspannen, Urlaub machen«, sagte neulich eine Kollegin zu mir, »aber daran ist überhaupt nicht zu denken, dazu habe ich überhaupt keine Zeit.« (So ein Pech, dass ihr das Universum nicht genügend Zeit zur Verfügung gestellt hat!) Und ein Handwerker, der uns eine Reparatur zugesagt hatte und am vereinbarten Tag nicht kam, entschuldigte sich ganz einfach mit den Worten: »Ich hatte so viel zu tun, ich bin einfach nicht dazu gekommen. Tut mir leid: keine Zeit!« (Ja, das tut mir auch leid. Aber was soll man da machen? Das musste ich wohl verstehen, wenn er keine Zeit hatte ...!)

Ist es nicht verrückt, dass wir fast alle diese Ausrede immer wieder gebrauchen und von anderen akzeptieren, obwohl doch klar ist, dass sie nicht stimmt? Denn: Jeder Mensch hat Zeit! Jeder hat täglich 24 Stunden Zeit! Er muss sie sich nur nehmen (nicht von anderen, sondern von seinem eigenen Budget!) und sie sinnvoll nutzen. Denn gerade in der heutigen schnelllebigen Welt ist Zeit ein kostbares Gut, das gehegt und gepflegt werden will. Das Einzige, was wir mit dieser Behauptung ausdrücken, ist, dass wir eben anderen Dingen Vorrang geben. *Wer also sagt, er habe keine Zeit, sagt in Wahrheit, dass ihm anderes wichtiger ist.*

Doch statt dies offen auszusprechen, fällt es anscheinend leichter, den Zeitdruck zum Sündenbock zu machen. Jedenfalls fällt es unserem Schweinehund leichter – und der nimmt sich gerne die Zeit, um den Menschen immer wieder die Ausrede »Keine Zeit!« als Joker zu reichen.

Gerade in der heutigen zeitknappen Zeit könnte es für den Menschen an der Zeit sein, bewusster wahrzunehmen, wie er mit der Zeit umgeht. Wären Sie gerne mit jemandem zusammen, der ständig bemüht ist, Sie entweder auszunützen, totzuschlagen oder zu vertreiben? Wie geht es wohl der Zeit mit uns? Die meisten Menschen versuchen, die Zeit, die sie haben, maximal »auszunutzen«, und in der freien Zeit, (sich) diese zu »vertreiben« (durch so genannten Zeitvertreib) oder gar »totzuschlagen«. Also bleibt ihnen natürlich wenig Zeit übrig. – Zum Nachdenken:

»Keine Zeit!«

Viele klagten, sie hätten *keine Zeit*,
doch sie hatten genug.
Sie mussten (sich) aber die *Zeit vertreiben*,
und hinterher klagten sie,
man habe ihnen die *Zeit geraubt*,
und verdächtigen seitdem jeden,
der vorgibt, *Zeit zu haben*. –

Irrtum: Jeder hat *genügend Zeit*!
Man muss sie sich nur *nehmen*.

Aber damit kein weiterer Irrtum entsteht:
nicht von anderen.
Der Einzige, von dem man sich *Zeit nehmen* kann,
ist man selbst.
Und dann möge man
mit der Zeit *achtsam umgehen*
und sie nicht gleich wieder *vertreiben*,
sonst wird man doch Recht behalten:
Man hat keine Zeit!

Tarnkappenspiel

Rücksichtnahme, *Pflichterfüllung* und *Moral* sind drei der beliebtesten Tarnkappen für Schweinehunde. In diesen Verkleidungen sind sie salonfähig. Diese Masken haben sogar den Status besonderer Ehrenhaftigkeit, und so neigen wir dazu, sie mit Stolz vor uns her zu tragen.

Vor einiger Zeit erzählte mir ein Seminarteilnehmer folgendes Erlebnis:

> Der Kindergarten, in den seine beiden Kinder gingen, veranstaltete ein Faschingsfest. Die Eltern wurden gebeten, etwas aufzuführen, damit die Veranstaltung lebendiger würde. An sich fand der Seminarteilnehmer die Idee gut, doch scheute er jeglichen öffentlichen Auftritt, vor allem wenn er sich dafür verkleiden musste. Der Tag des Festes rückte näher, die Vorfreude seiner Kinder wuchs – aber genauso der Widerstand seines inneren Schweinehundes. Einerseits wollte er seine Kinder nicht enttäuschen, andererseits hoffte er doch, das Ganze irgendwie vermeiden zu können. Dann kam die »Rettung« in Form eines wichtigen Termins. Die Pflicht rief – und

das würde doch jeder verstehen! Nur seine Kinder nicht, sie waren mehr als enttäuscht, dass ihr Papa als Einziger (wieder mal) nicht mit dabei war.

Merksatz Nr. 2

Wenn die Pflicht ruft,
geht so mancher Vorsatz baden.

Die *Pflichterfüllung* wird in unseren Breiten gesellschaftlich nahezu blind akzeptiert, ja sogar geschätzt. Was auch immer Sie tun, ist gut, Hauptsache, Sie tun Ihre Pflicht. Wie vieles wurde nicht schon damit gerechtfertigt, man habe doch »nur seine Pflicht getan«! Doch wenn unser Schweinehund uns gegenüber dieses Deckmäntelchen wählt, sind die Opfer wir selbst. Wir versagen uns die ersehnte Reise, die Mitgliedschaft in einem Fitnessstudio oder die so notwendige Zeit für uns selber oder unsere Familie, weil unsere Verpflichtungen dafür vermeintlich keinen Raum lassen. Die Entscheidung, endlich einmal etwas für unser Privatleben und unser Wohlbefinden zu tun, wird hinter der Ausrede der Pflichterfüllung versteckt.

Äußerst treffend bringt dies der Erfolgsautor Reinhard Sprenger auf den Punkt, wenn er in seinem Buch *Die Entscheidung liegt bei dir! Wege aus der täglichen Unzufriedenheit* schreibt: »Die Pflicht kommt meist im grauen Leinensack der Entbehrung daher und wird begleitet von einer Aura der Selbstaufopferung. [...] Pflicht ist häufig eine Ausrede, weil sie es ihnen [vielen Menschen] erspart, eigene Ziele zu definieren und unangenehme Entscheidungen zu treffen. Der Sprung ins kalte Wasser fällt aus wegen Pflichterfüllung.«

Das Schild mit der Aufschrift »Springen verboten!« hat sicher der Schweinehund am Ufer aufgestellt!

Und wie viele wichtige Dinge bleiben aus *falscher Rücksichtnahme* ungetan! Sie kennen vielleicht die oft zitierte Geschichte:

Ein älteres Ehepaar entdeckt eines Morgens beim Frühstück im Altersheim, dass der Mann von einem Brötchen eigentlich lieber die untere Hälfte, seine Frau lieber die obere Hälfte gegessen hätte. Doch aus vermeintlicher Rücksichtnahme und um dem anderen einen Gefallen zu tun, hatte die Frau ihrem Mann immer die obere Hälfte gereicht. Und er hatte diese auch stets »brav« gegessen, im Glauben, sie bevorzuge den unteren Teil des Brötchens. Aufgrund dieses Missverständnisses hatten die beiden einander 45 Jahre lang die jeweils »falsche« Hälfte zugeteilt!

Merksatz Nr. 3

Aus Gründen der Rücksichtnahme entfällt die Übernahme der Selbstverantwortung.

Tückischerweise appellieren viele Schweinehunde an unsere Rücksicht. Sie sind sehr darauf bedacht, dass wir *andere schonen, es ihnen »recht machen«*. Sie wollen, dass wir gefallen! So äußern wir lieber nicht die eigenen Bedürfnisse, leiden lieber still und heimlich unter etwas, anstatt darüber zu reden: »Das kann ich ihm doch nicht antun!« – »Damit kann ich sie doch nicht belasten!« – Wir könnten ja Gefahr laufen, die Gunst unserer Mitmenschen zu verlieren!

Vielleicht sind wir ja einfach nur zu feige? Vielleicht! Aber das ist ja der Trick: unsere Ängstlichkeit unter der Tarnkappe der Fürsorglichkeit zu verstecken.

In manchen Fällen muss sogar die *Moral* herhalten. Nichts gegen eine werteorientierte ethische Grundeinstellung, die darauf abzielt, eigenes und fremdes Leben zu fördern. Aber Schweinehunde verstecken sich gerne hinter einer *lebensbeschränkenden* Moral, die

Du willst die obere Hälfte? Bitte schön, gern geschehen!

genau weiß, was »man« nicht tut und was sich »nicht gehört«. Gerade wenn es darum geht, in der Öffentlichkeit Herzlichkeit, Hilfsbereitschaft und Spontaneität (also so etwas wie Zivilcourage!) zu zeigen, kann es von innen tönen: »Das tut man doch nicht! Misch dich nicht ein!«

> Unvergesslich wird mir das nicht mehr ganz junge Ehepaar bleiben, das in unserer letzten Wohnung unter uns wohnte. Die beiden vertrugen sich nicht gut miteinander. Häufiger Streit, Geschrei, Türenschlagen und lautes Weinen waren nicht zu überhören. Als die Frau sich einmal abends in unsere Wohnung flüchtete, weil die Auseinandersetzungen erneut handgreiflich zu werden drohten, erzählte sie uns ihre Geschichte.
>
> Geliebt habe sie ihren Mann nie. Und nie hätte sie ihn geheiratet, wären da nicht die Konventionen ihrer Familie gewesen. Als sie »vorehelich« ein Kind von ihm erwartete, schien es absolut keinen anderen Ausweg zu geben als eine Heirat. Die strenggläubige Umgebung – noch dazu in einem kleinen Dorf – drang darauf, den »Fehltritt« so schnell wie möglich »in Ordnung« zu bringen. Selbst ihre eigene Mutter hatte sich der »öffentlichen Meinung« angeschlossen, obwohl ihr bekannt war, dass der Schwiegersohn in spe zu Gewalttätigkeiten neigte. Das Kind war inzwischen erwachsen geworden. Eine Scheidung? Nein, das könne sie ihren Eltern einfach nicht antun!

An besagtem Abend war ich doch sehr betroffen vom Wirken der Schweinehunde, die sich hier mit dem Mäntelchen der Moral kaschiert hatten. Aber als ich begann, darüber nachzudenken, ob ich nicht einmal mit dem Ehemann reden sollte (worum die Frau mich gebeten hatte), erwischte mich mein eigener Schweinehund wieder. Denn obwohl ein Teil von mir dazu neigte, dieser Nachbarin beizustehen, ließ mein Schweinehund erfolgreich alle Warnlampen aufleuchten. »Hier ist keine Einmischung angebracht«, sagte er beschwörend, »auch wenn du helfen möchtest. Eigentlich sollte sich überhaupt niemand in fremde Angelegenheiten einmischen! – Das tut man doch nicht!«

Dem Vorbehalt »Das tut man doch nicht!«, damals aus dem Munde der Pharisäer, begegneten schon die Jünger Jesu, als sie es wagten, am Sabbat Getreideähren abzureißen, weil sie Hunger hatten. Der Einwand Jesu, dass alle moralischen Ordnungen dem Menschen dienen sollten und nicht umgekehrt, wurde leider auch im christlichen Abendland zu oft überhört, und wird dies auch heute noch.

Wie viele positive Taten tagtäglich aufgrund falsch verstandener Moral unterbleiben, wie viele negative Taten andererseits unter dem Deckmäntelchen der Moral begangen worden sind – das bedarf keiner näheren Erläuterung. Ein Blick in die (jüngste) Geschichte – und wohl auch in unser eigenes Leben – genügt.

Sprache der Unverbindlichkeit

»Na, was hast du dir denn fürs neue Jahr vorgenommen?«, fragte Renate ihre Freundin Tina, als sie am Nachmittag des 1. Januar telefonierten und sich erzählten, wie sie Silvester verbracht hatten. Tina antwortete begeistert: »Ach, ich denke, ich sollte besser mehr Sport treiben, ich könnte vielleicht anfangen zu joggen, und außerdem müsste ich wohl auch mal eine Diät machen ...« – »Ja, du hast Recht«, erwiderte Renate, »eigentlich dürfte ich auch nicht mehr so viel rauchen und könnte außerdem mehr für meine Beziehung tun. Ich sollte mit Ralph vielleicht einen Tanzkurs buchen oder öfter mit ihm ins Theater gehen. Man müsste überhaupt mehr für seine Bildung tun ...« Ja, das fand Tina auch, und so bestärkten sie sich gegenseitig, was man *eigentlich unbedingt* alles im Leben verbessern sollte. Am Ende des Gesprächs meinte Tina dann: »Ach, wir könnten uns doch vielleicht mal treffen, um irgendetwas zusammen zu unternehmen.« – »Ja, das sollten wir doch wirklich mal machen. Also, man sieht sich, bis dann!« – Also dann bis »nirgendwann«, dachte der Schweinehund und lachte!

Nur nicht festlegen, bitte nicht verbindlich werden, denn das könnte eigenes Handeln erfordern. *Achtung*: Schweinehunde sind Meister der *Unverbindlichkeit*, und die Sprache der Unverbindlichkeit ist der *Konjunktiv.*

»Ich müsste wohl mal ...« – »Ich sollte besser ...« – »Eigentlich dürfte ich nicht so viel ...« – »Ich könnte vielleicht auch anfangen zu ...« – derart sind die Formulierungen, die dem kleinen Feind das Wasser im Munde zusammenlaufen lassen. Die Konsequenzen dieser »Konjunktivitis« liegen auf der Hand: Es wird keine geben! Denn »Einsichten im Konjunktiv« bringen in der Regel kaum etwas, weil durch die Unverbindlichkeit der Formulierung das Nicht-handeln-Müssen schon programmiert ist. Daher wird Sie Ihr Schweinehund nur allzu gerne Ihre Verbesserungsideen im Konjunktiv deklamieren lassen – und sich schmunzelnd auf seinem Ruhebett auf die andere Seite wälzen: keine Aktionsgefahr in Sicht!

Merksatz Nr. 4

Im Konjunktiv formulierte Vorsätze werden selten realisiert.

Die Steigerung der Unverbindlichkeit erreicht der innere Schweinehund allerdings durch das verhängnisvolle Unwort »man« (oft in Kombination mit dem Konjunktiv). Mit diesen drei Buchstaben geben wir jegliches Bekenntnis zu einen persönlichen Standpunkt an der »Garderobe der gesellschaftlichen Konvention« ab. Da

»man« das üblicherweise überall so tut, fällt es uns auch gar nicht weiter auf! »Man sollte ...« – »Man müsste doch ...« – »Man hätte besser ...« – »Man könnte vielleicht mal ...« – Richtig, natürlich müsste man. Doch wer, bitte schön, müsste, könnte ...? – »Was, ich? Oh nein, bitte nicht! Da haben Sie mich missverstanden, ich sagte doch klar und deutlich: man ...«

Fazit: *Das »Man« ist der Persilschein für persönliches Passiv-bleiben-Dürfen.*

Wenn mit diesem Wörtchen nicht ausnahmsweise wirklich eine allgemeingültige Tatsache beschrieben wird (beispielsweise: »In Bayern begrüßt man sich mit ›Grüß Gott!‹«), dann können Sie davon ausgehen, dass sich dahinter ein Schweinehund verbirgt, der nicht Stellung beziehen will.

Was meinen Sie? Darüber könnte man doch wirklich mal nachdenken!

Verzögerungstaktik

Armin, 33, seit sieben Jahren als Ingenieur berufstätig, wohnte noch immer bei seinen Eltern. Seit Ende seines Studiums wollte er eigentlich schon in eine andere Wohnung ziehen – finanziell stand dem nichts entgegen, aber daheim war doch vieles angenehmer, zumal er auch seine Wäsche gewaschen, sein Zimmer geputzt bekam und sogar bekocht wurde. Doch das ließ er als Gründe nicht gelten. Zunächst war er sich noch nicht im Klaren darüber, in welchen Stadtteil er ziehen sollte, dann musste er sich noch eingehend informieren, ob nun Kauf oder Miete günstiger seien. Doch den hierzu erforderlichen Termin bei seinem Steuerberater verschob er auch immer wieder. Vielleicht wäre es viel vernünftiger, erst ein Seminar über Immobilieninvestition zu besuchen, um sich so die erforderlichen Kenntnisse vor allem über Chancen und Risiken eines Wohnungskaufes anzueignen? – Nachdem er endlich geklärt hatte, welches der verschiedenen Seminare zu dem Thema das richtige war, und er ein Jahr später auch daran teilgenommen hatte, stand schließlich fest: noch nicht kaufen, sondern sein Geld in Fonds anlegen und mieten. Allerdings, so erklärte er seinem Freund, der ihn erwartungsvoll fragte, ob er jetzt endlich in eine eigene Wohnung ziehe, allerdings müsse er erst noch klären, ob es nicht vielleicht günstiger wäre, mit Susanne, seiner Freundin, zusammenzuziehen. Das war vor drei Jahren. Er wohnt immer noch daheim, denn vorerst muss er noch …

Wir alle kennen sie: Menschen, die schon immer einen Vortrag halten, ein Buch schreiben, eine Diät machen oder eine neue Sportart anfangen wollten – und bis heute nicht dazu gekommen sind. Auf Nachfrage erfährt man dann: »Ich kann noch nicht, ich muss erst noch …« – Natürlich, es müssen erst noch die richtigen Voraussetzungen geschaffen werden – oder, besser noch, von selber eintreten. Da muss zunächst recherchiert werden, ein Buch gelesen, ein Seminar besucht, ein Berater konsultiert oder eine Umfrage gestartet werden. Diese *Verzögerungstaktik* des inneren Schweinehundes äußert sich in der allgemein bekannten *Aufschieberitis.* »Was du heute kannst besorgen, das verschiebe ruhig auf morgen«, spricht durch den Volksmund der Schweinehund. Nur zu gerne schiebt er die Dinge schwanzwedelnd auf die lange Bank.

Merksatz Nr. 5

Die lange Bank ist der Schweinehunde liebste Werkzeugbank.

Besonders Perfektionisten verschanzen sich immer wieder hinter der Bitte-noch-nicht-ich-muss-erst-noch-Haltung. »Einfach so« loslegen? Undenkbar! – »Ich warte noch auf eine Genehmigung!«

– Von wem denn, bitte? – Aber natürlich, vom inneren Schweinehunde-Ministerium! – Doch da kannst du lange warten! – Denn Schweinehunde lieben es bequem, sie scheuen Aktionen und wollen lieber debattieren statt agieren und am besten die ganze Angelegenheit nochmals gründlich überdenken. Könnte ja sein, dass sie sich dadurch sowieso erübrigt.

Die Verharmlosung

Richard war beruflich schwer im Stress. Als er zum ersten Mal Magendruck und Sodbrennen bekam, ignorierte er es. Auch auf seinen Kaffee wollte er nicht verzichten. »Alles halb so wild! Nur nicht kleinkriegen lassen!« Doch die Beschwerden nahmen zu, und den Rat seiner Frau, einen Arzt aufzusuchen, verwarf er mit den Worten: »Das vergeht schon wieder von selbst. Ich hab schon ganz andere Sachen durchgestanden.« Nach einiger Zeit bekam er die ersten krampfartigen Attacken im Magen. Nun ließ er zwar den Kaffee weg, trank sogar freiwillig den Kamillentee, den seine Frau ihm anbot, aber zum Arzt gehen? »Dafür ist immer noch Zeit!« Außerdem erfuhr er von seinem Arbeitskollegen Josef, dass auch er Ähnliches schon oft gehabt habe: »Das wirft doch einen Kerl nicht um! Mach doch aus einer Mücke keinen Elefanten, das ist bei Berufsstress ganz normal!« Dankbar nahm Richard trotzdem die Magentabletten, die Josef ihm anbot. Sie brachten tatsächlich eine gewisse Linderung. »Hab ich's doch gewusst, man muss doch nicht gleich mit jeder Lappalie zum Arzt rennen.« – Die Krämpfe wurden häufiger und schmerzhafter. Eines Nachts wachte er mit solchen Schmerzen auf, dass er doch den Notarzt rief, der ihn gleich ins Krankenhaus einlieferte. Diagnose: aufgebrochenes Magengeschwür.

Merksatz Nr. 6

Beschwichtigung ist ein Betäubungsmittel mit den lähmendsten Nebenwirkungen.

»Alles nicht so wild!« – »Das macht doch nichts!« – »Ist doch nicht so wichtig!« – »Andere tun's doch auch! – Also bleib nur ruhig im Lehnstuhl sitzen und reg dich nicht auf!« Die paar Beschwerden, der kleine Schnaps, die paar Zigaretten, die eine weggeworfene Blechdose, die eine Ausnahme ... All diese Kleinigkeiten scheinen ganz harmlos, wäre da nicht die Geschichte mit dem Frosch:

> Ein Frosch wurde in kochend heißes Wasser geworfen – und sprang sofort wieder raus! Anschließend wurde er in kaltes Wasser geworfen, das ganz allmählich zum Kochen gebracht wurde. Und obwohl er jederzeit hätte rausspringen können, blieb er drin – und starb. Er hatte durch das langsame Ansteigen der Temperatur die Gefahr nicht bemerkt.

Die Deutung der Geschichte liegt auf der Hand: An uns liegt es zu erkennen, welche Dinge in der Tat harmlos sind und welche Kleinigkeiten uns, andere oder die Umwelt in der Summe gefährden können. Der Schweinehund ist dabei ein schlechter Ratgeber, da er es im Zweifelsfall bequemer findet, die Angelegenheit zu verharmlosen und weiterzumachen wie bisher. Das böse Erwachen kommt erst, wenn sich die Harmlosigkeiten zu einem bleibenden oder zumindest schwer behebbaren Schaden addiert haben. Dass andere Mittäter sich möglicherweise in Leidensgenossen verwandeln, ist dann nur ein schwacher Trost. Und der Schweinehund? Spätestens jetzt wird sein gewohntes »Alles-nicht-so-schlimm«-Lied verstummen, und wir werden sein Herrchen oder Frauchen den bekannten Spruch flüstern hören: »Ich dachte, das wäre nicht so wichtig oder hätte noch Zeit!« – Zu spät!

Nicht-zuständig-Sein

Wer kennt sie nicht, die folgenden Situationen?

Nach längerem Warten in einem Lokal (der Magen hängt einem schon in den Kniekehlen, und man ist kurz vor dem Verdursten) naht endlich ein Kellner, doch auf unser Winken hin werden wir mit der Bemerkung abserviert: »Ich bin hier nicht zuständig, der Kollege kommt gleich!«

Auch bei Behörden kann man diese Erfahrung machen: Mangels Zuständigkeit muss leider die erwartete Handlung ausbleiben. »Dafür bin ich nicht eingestellt worden!« – »Fragen Sie bitte den Chef, wenn er kommt!« – »Das macht bei uns immer Frau XY!«

Merksatz Nr. 7

Wer nicht zuständig ist,
der braucht nicht zu handeln.

Nach genau diesem Motto agiert auch mein Schweinehund. Als neulich zum Beispiel ein Berufskollege in Schwierigkeiten war und ich überlegte, wie ich ihm helfen könnte, sprach es in mir: »Das ist doch eigentlich nicht mein Bier! Warum ich?« Diese Reaktion ist sicher menschlich und verständlich, aber ... Mein Schweinehund hatte flugs noch weitere Rechtfertigungsargumente auf Lager: »Ich kann doch nichts dafür!« – »Was geht mich das an?!« – »Dafür bin ich doch nicht verantwortlich!« – »Da können andere sicher viel besser helfen!« Die Einflüsterung meines Saboteurs: Wer *nicht zuständig* ist, kann seine Hände in Unschuld waschen und braucht auch kein schlechtes Gewissen zu haben. Oder etwa doch? Zum Glück ging mir der Kollege nicht mehr aus dem Kopf. Ich hielt mir innerlich die Ohren zu, um die Ablenkungsmanöver meines Schweinehundes abzuschalten, und wusste sofort: »Das geht mich etwas an!«

Oh weh, dachte daraufhin mein Schweinehund, besser, wir hätten davon erst gar nichts erfahren. Denn: »Was ich nicht weiß, macht mich nicht heiß!« Sie ist die Steigerung der Nicht-zuständig-Taktik: die *Vogel-Strauß-Taktik*. Stecken wir doch einfach den Kopf in den Sand! Auch das kann (vorübergehend!) funktionieren, aber wer heute den Kopf in den Sand steckt, knirscht morgen vielleicht mit den Zähnen! (nach Reinhard K. Sprenger, *Die Entscheidung liegt bei Dir! Wege aus der täglichen Unzufriedenheit*)

Traditionsfloskeln

Ein Unternehmensberaterin, die eines meiner Seminare besuchte, erzählte folgende Geschichte:

> Noch während ihres Betriebswirtschaftsstudiums absolvierte sie ein Praktikum in der kleinen mittelständischen Musikinstrumentenfabrik ihres Vaters mit 20 Mitarbeitern. Schon nach zwei Wochen schlug sie ihm Umstrukturierungsmaßnahmen vor, die zu reibungsloseren Abläufen und einer 15-prozentigen Kostenreduzierung führen würden. Doch erntete sie von allen Seiten nur Bedenken: »Das haben wir noch nie so gemacht!« – »Das war bei uns immer schon so!« – »Da könnte ja jeder kommen!« Die Folge: Alles blieb beim Alten. Als ihr Vater zwei Jahre später eine Beratungsfirma engagieren musste, war er ganz erstaunt, dass diese ähnliche Rationalisierungsmaßnahmen vorschlug. Wieder begann er mit: »So etwas ist bei uns noch nie passiert! Wo kämen wir hin, wenn ...« Doch schlagfertig parierte der Berater: »Ja, genau!« Und fügte dann lächelnd hinzu: *»Wo kämen wir denn hin, wenn jeder sagen würde, wo kämen wir hin, und keiner ginge mal nachsehen, wo man hinkäme, wenn man hinginge!?«*

Nicht nur in Firmen, sondern auch im Privatleben, wenn es um Veränderungen geht, wollen Schweinehunde prinzipiell, dass alles beim Alten bleibt. Sie fürchten Veränderungen und Neues wie die Pest. Sie versuchen, derlei mit allen Mitteln zu verhindern – und es gelingt ihnen meist. Auch wenn diese *Traditionsfloskeln* noch so banal klingen. Sätze wie im obigen Beispiel sind nämlich »in«. Sie werden vielerorts als ernst zu nehmende Argumente gehandelt. Wo käme man denn sonst hin?!

Merksatz Nr. 8

Bitte nichts ändern!

Es könnte anders werden …

Sicherheitsdenken

Julia war eine begabte Modedesignerin und bei einer Münchner Textilfirma seit fünf Jahren in einem gut bezahlten Anstellungsverhältnis. Dennoch träumte sie immer wieder davon, sich mal selbstständig zu machen. Da kam eines Tages der verführerische Anruf: Marina, eine italienische Freundin von ihr aus der gleichen Branche, die vor kurzem ihr eigenes Atelier in Mailand eröffnet hatte, bot ihr an, ins Geschäft mit einzusteigen. Sogar mit der Chance, nach einem Jahr Partnerin zu werden. Jetzt war die lang ersehnte Gelegenheit endlich da! Doch sofort bombardierte sie ihr innerer Schweinehund mit Gegenargumenten: Die gesicherte Stellung aufgeben? Würde sie schnell genug Italienisch lernen und in Mailand Kontakt bekommen? Würde ihre Beziehung halten? Ihr Freund konnte frühestens nach zehn Monaten nachkommen! Und was, wenn das Ganze wirtschaftlich nicht erfolgreich sein würde? Lieber nichts riskieren! Sollte sie die vertraute Umgebung für ein riskantes Unternehmen aufs Spiel setzen? Und so kam sie zu dem Schluss: »Ich lass es doch lieber bleiben!« – Viele Jahre später wird sie vielleicht ihrer Tochter erzählen, wie sehr sie es immer wieder bereut hat, diese Gelegenheit nicht ergriffen zu haben. Aber ihr Schweinehund war einfach stärker.

Merksatz Nr. 9
Wer nichts riskiert – sich nicht blamiert!

»Vorsicht ist die Mutter der Porzellankiste!«, spricht oft der Schweinehund und legt nach: »Lieber nicht die Finger verbrennen!« – »Das könnte gefährlich werden!« – »Bloß nichts riskieren!« – »... und was, wenn's schief geht?« – »Blamier dich bloß nicht!« – »Lass es doch lieber gleich bleiben!« Wenn das alles noch nicht hilft, wirft er sein gewichtigstes Argument in die Waagschale: »Besser den Spatz in der Hand als die Taube auf dem Dach ...!« – So hält er uns unter dem Mäntelchen des *Bewahrers* vom eigentlichen Leben ab! Denn das *Spatz-in-der-Hand-Prinzip* ist eben nur die halbe Miete und hat mit erfülltem Leben wenig zu tun. Ein Leben ohne Risiko und ohne den Mut, auch mal Fehler zu begehen, auch mal auf die Nase zu fallen, das ist wahrlich kein spannendes Leben, sondern führt zu einer zunehmenden inneren Erstarrung!

Das heißt natürlich keineswegs, alle Vorsichtsmaßnahmen über Bord zu werfen und sich kopfüber in waghalsige Abenteuer zu stürzen. Vielmehr geht es darum, im Rahmen seiner Fähigkeiten immer wieder Herausforderungen zu suchen und überschaubare Risiken einzugehen. Natürlich wird Ihnen dabei Ihr Schweinehund auf dem Fuße folgen, aber daran könnten Sie sogar Gefallen finden. (Wie das zu bewerkstelligen ist, erfahren Sie in Teil III ab Seite 103.)

Der Fernsehsessel: ungefährlich und sooo bequem

Bequem ist bequem

Warum wollte sich eigentlich Armin in der oben geschilderten Geschichte (siehe Seite 49) nicht aufraffen, von daheim wegzuziehen? Seine Argumente, er müsse sich erst noch über die Vor- und Nachteile von Kauf und Miete informieren, waren vorgeschoben: in Wirklichkeit fand er es einfach nur bequemer, zumal er sich ums Kochen, Putzen, Waschen und Bügeln nicht kümmern musste. Der Absprung in die gemeinsame Wohnung mit der Freundin würde ihm sicher nur in der Hoffnung gelingen, dass ihm dort die genannten Tätigkeiten wieder abgenommen würden.

Bequemlichkeit hat schon was! Und das weiß unser Schweinehund genau. Auch er hat es am liebsten bequem.

Merksatz Nr. 10

Wer morgen träge sein will, übe sich heute schon in Bequemlichkeit.

Nicht selten, wenn ihm gar nichts mehr einfällt, um eine Entscheidung zu verhindern, apportiert er uns den gemütlichen Lehnstuhl und flüstert: »Lieber sitzen statt schwitzen!« Denn: Einer der Lieblingsplätze des Schweinehundes ist der Fernsehsessel.

Wie bequem ist es doch, den Flimmerkasten einzuschalten, sich »geborgte Gefühle« ins Wohnzimmer zu holen und zuzugucken, wie sich andere ins Leben stürzen! Und der entscheidende Unterschied: Wenn's uns nicht gefällt, können wir einfach ausschalten! Das geht im echten Leben leider nicht. Was fällt in unserem Leben nicht alles der Bequemlichkeit zum Opfer! So ziehen viele Menschen das Auto- oder Taxifahren dem Fahrrad vor; »Call a Pizza« erscheint schneller und einfacher als Selbstkochen, und manch einer lässt sich vom geplanten Gipfelanstieg abbringen, wenn sein Schweinehund ihn auf die bequeme Bergbahn aufmerksam macht. Doch am allerbequemsten ist es, sich gar nicht erst zu entscheiden!

2.
Der Wurm in der Entscheidung

Der Erfolg einer Sache steht und fällt weitgehend mit der Eindeutigkeit der Entscheidung. Unser innerer Schweinehund dagegen setzt alles daran, *eindeutige und verbindliche Entscheidungen zu verhindern*, da sie seinen Spielraum und seinen Einfluss erheblich beschränken. Auf verschiedene Weise gelingt es ihm immer wieder, schon den *Entschluss zu verwässern*. Der Misserfolg ist damit so gut wie programmiert.

Der ewige Versucher

»Ich will versuchen, morgen mal um 6:00 aufzustehen«, verkündete Thomas und sah den Vater mit seinen treuherzigen Augen an. Ja, er meinte es auch wirklich »ganz ehrlich«. In bester Absicht wollte er es versuchen, denn üblicherweise kam er vor 8:00 nicht aus den Federn. Doch das »Schicksal« wollte es wohl anders, denn auch am nächsten Morgen saß er erst spät am Frühstückstisch und verkündete mit unschuldiger Miene: »Ich hab's versucht, aber ...« – Ja: schlecht gelaufen! So ein Pech auch! Aber wenigstens hat er es ja versucht!

Merksatz Nr. 11
»Versuchen wollen« kostet nichts – und bringt auch nichts.

Tragischerweise wimmelt es nur so von professionellen »Versuchern«. Sie versuchen am laufenden Band etwas – und handeln nie! Wer nur *versuchen* will, mit dem Rauchen aufzuhören, pünktlich zu sein, den Keller aufzuräumen und so weiter, hat wenig Aussicht auf Erfolg. »Ich hab's versucht« ist der Verliererspruch Nummer 1!

Hinter diesem gesellschaftlich anerkannten Selbstbetrug verbergen sich oft *fehlende Entschiedenheit* oder ein *Nicht-handeln-Wollen.* »Ich werde versuchen ...« heißt im Klartext meist: »Ich will eigentlich nicht.« Mit diesem Wörtchen ist das Vorhaben von vornherein zum Scheitern verurteilt.

»Nein«, wird häufig erwidert, »ich hatte schon den Wunsch ...« Doch darauf hätte der Schriftsteller Robert Musil nur geantwortet: »Ein Wunsch ist ein Wille, der sich selbst nicht ernst nimmt!« Oder anders ausgedrückt: Wer etwas nur *versuchen* will, lässt damit (sich und seinem Schweinehund) das berühmte *Hintertürchen* offen.

Die Versuchung, etwas nur versuchen zu wollen, ist groß. Dahingehend ließe sich der Satz aus dem Vaterunser: »Und führe uns nicht in Versuchung« auch einmal ganz anders verstehen, nämlich als: »Und bewahre uns vor dem ewigen Nur-versuchen-Wollen.« Die himmlische Antwort an uns würde in diesem Fall vermutlich lauten: »Der Einzige, der dafür zuständig ist, bist du selbst. Hör auf zu versuchen und sprich: Ich werde ... tun!« Damit vermindern Sie jedenfalls die Chancen, dass Ihr Schweinehund Ihren Vorsatz zu Fall bringt (warum, erfahren Sie in Teil III ab Seite 118).

Um Missverständnissen vorzubeugen: Natürlich gibt es im Leben Situationen, wo der Ausdruck »versuchen« passt und angebracht ist:

- Zum einen dann, wenn ich irgendetwas wirklich nur *ausprobieren oder testen* möchte, um herauszufinden, ob es für mich passt.

  So kann jemand eine Zeit lang versuchen, seine Arbeitsplanung am Computer zu machen und nicht mehr im Zeitplanbuch, um dann festzustellen, dass ihr/ihm das nicht liegt – aber dann nicht im Sinne von »Ich hab's nicht geschafft«, sondern im Sinne von »Ich hab's zwar geschafft, aber es ist doch nicht das Richtige für mich«. – Aber den Versuch war's wert!

- Zum anderen, wenn man *bewusst einen Vorbehalt äußern* will.

  Als Ludger morgens zur Arbeit losfahren will, bittet ihn seine Frau, doch einen neuen Toaster zu besorgen, der alte sei kaputt. »Ich werd's versuchen« kann hier tatsächlich bedeuten: »Wenn es irgendwie möglich ist, aber ich kann noch nicht sicher abschätzen, ob ich neben allem, was beruflich ansteht, dazu komme.« Dann mag es sein, dass vielleicht eine Besprechung ausfällt und er in der Mittagspause die Zeit hat, den Toaster zu kaufen. Es kann aber auch passieren, dass er zunächst plante, den Toaster auf dem Heimweg zu besorgen, dann aber unerwartet die Arbeit einer erkrankten Kollegin übernehmen muss und das Büro erst um 20:15 verlassen kann.

In diesen beiden Fällen handelt es sich also nicht um »Schweinehund-Versuche«, mit denen Entscheidungen verwässert werden!

Nebeltaktik

Warum werden so viele gute Neujahrsvorsätze schon Mitte Januar zur Makulatur? Zum Jahreswechsel waren sie mit Sicherheit ernst gemeint. Doch leider wurde beim Entschlussfassen die Funktionsweise unseres Gehirns außer Betracht gelassen. Unsere Schaltzentrale kann wie ein Warenversandhaus nur eindeutige Bestellungen ausführen. So klappt es also nicht:

> Heinz-Rüdiger Stepptal aus Michelsheim bestellt beim Otto-Versand »etwas Schönes zum Anziehen, einige gute Bücher, die besten technischen Neuheiten und ein paar lustige Scherzartikel« – und beklagt sich später, dass »die da oben« nicht liefern!

Genauso behandeln wir unsere Kommandobrücke, unser Gehirn. Wir nehmen uns mit nebulösen »Wischi-waschi-Formulierungen« vor, uns »etwas gesünder zu ernähren«, »bewusster zu leben«, »die Kinder konsequenter zu erziehen«, »mehr Zeit für die Familie zu haben«, »häufiger Sport zu treiben«, »entschieden abzunehmen«, »mit unseren Finanzen sparsamer hauszuhalten« oder »mehr zu verdienen«. -Das Ergebnis: Diese »Bestellung« kann nicht geliefert werden! Die »Mannschaft« in Ihrer inneren Befehlszentrale ist schier verzweifelt: Sie *will* Ihnen ja bei der Realisierung Ihrer Vorhaben helfen, aber sie *kann* nicht! Sie tappt im Nebel Ihrer Formulierung herum! Denn was die meisten »Besteller« nicht beachten, sind die naturgegebenen »Umsetzungsvoraussetzungen« unseres Gehirns. Aus ihnen folgt nämlich klipp und klar ein weiterer Schweinehunde-Merksatz:

Merksatz Nr. 12

Befehle im Komparativ
sind nicht ausführbar!

Wer das *Vernebeln* bestens beherrscht, ist unser innerer Schweinehund. Er ist ein Meister der *Nebeltaktik*! Und schon bei Ihrer unklaren Zielformulierung lacht er sich ins Fäustchen (besser gesagt ins Pfötchen) und freut sich, Ihren neuen Vorsatz in Kürze als Leckerbissen verspeisen zu können. (Wie Sie Ihre Ziele so formulieren, dass Ihr Schweinehund sie nicht mehr zu Fall bringen kann, erfahren Sie in Teil III ab Seite 149.)

Übrigens: Nebel erzeugen nicht nur *Komparativ-Formulierungen*, sondern auch die beliebten unbestimmten Zeitangaben »mal«, »bald«, »irgendwann« ... Doch dazu bald mehr.

Der Freigeist

Als wir vor einigen Jahren in einem meiner Seminare zum Thema Zeitplanung kamen, äußerte eine Teilnehmerin vehement, sie hasse Pläne. Pläne seien der Tod jeglicher Spontaneität und Kreativität. Die Planwirtschaft der ehemaligen kommunistischen Länder habe dies ja wohl bewiesen. *Freigeister* und *schöpferische Menschen* ließen sich doch nicht in Pläne pressen! Dienstpläne seien etwas für Beamte oder Fließbandarbeiter. – Doch in Wahrheit liegen die Dinge etwas anders.

Merksatz Nr. 13

Kein Termin – keine Tat!

Ihr innerer Schweinehund scheut Taten (bequem, wie er ist) – also versucht er mit größter Vehemenz, alles, was nur im Entferntesten nach *Termin* riecht, zu verhindern. Indem er Ihnen immer wieder einflüstert, ein schöpferischer Mensch benötige keine Reglements.

Doch welch ein Irrtum, wenn es um Entscheidungen geht, die Aussicht auf erfolgreiche Umsetzung haben sollen. Denn: *Ohne Planung und Termine überlassen Sie die Realisierung dem Zufall – und der kümmert sich in den seltensten Fällen um die Ausführung!*

Je freier Ihr Geist, desto unwahrscheinlicher, dass Sie »spontan« Ihr Vorhaben verwirklichen, insbesondere wenn es sich um ein größeres Projekt oder eine dauerhafte Verhaltensänderung handelt.

Ihr Schweinehund weiß das und wird immer wieder alles daransetzen, eine konkrete Planung zu verhindern. (Wie Sie dem erfolgreich entgegenwirken, lesen Sie in Teil III ab Seite 149.)

Herkules ade!

Als Werner von einem Motivationsseminar heimkehrte, verkündete er, nun werde er sein Leben entscheidend verändern. Ab morgen wolle er täglich eine Stunde Sport treiben, aufhören zu rauchen, 15 Kilogramm abnehmen, das ganze Haus entrümpeln, regelmäßig Tagebuch schreiben und endlich Spanisch lernen, wovon er schon lange träumte. Die Familie staunte. Papa war zu einem wahren Herkules geworden. Auch sein Schweinehund staunte. Doch Angst bekam er keine. Denn er wusste schon im Vorfeld: Er würde gar nicht erst aktiv werden müssen. Mit solchen Vorsätzen nämlich würde Werner höchstpersönlich für deren Verschwinden sorgen. Und tatsächlich: Schon nach einer Woche war er wieder ganz der Alte. Ja, so geht's halt, lachte sein kleiner Begleiter weise. Da wäre er nicht der Erste.

Merksatz Nr. 14

Wer sich übernimmt, unternimmt nicht viel!

»Jetzt will ich's aber wissen!« – »Jetzt pack ich's an!« – »Jetzt zeig ich's ihnen aber allen, die werden schon sehen, was für ein Kerl/was für eine Powerfrau ich bin!« – »Jetzt räum ich mal richtig auf in meinem Leben!« Das sind alles altbekannte Sätze, die wohl jeder schon mal geäußert hat. Wahrscheinlich sogar aus tiefster innerer Überzeugung, voller Tatendrang! Möglicherweise brannte es Ihnen

wirklich unter den Nägeln, und Sie konnten es gar nicht mehr erwarten anzufangen. Alles stimmte: die klare Entscheidung, ein präzise formuliertes und gut geplantes Ziel – und doch gaben Sie nach kurzer Zeit resigniert wieder auf. Warum? Ganz einfach: *Wer sich zu viel auf einmal vornimmt, wird oft gar nichts davon verwirklichen!*

In der Begeisterung des Augenblicks mögen wir uns ja manchmal wie Herkules fühlen, doch schon die alten Griechen wussten, wie wichtig eine *realistische* Planung ist, die auf die Alltagsumstände und unvorhergesehene Schwierigkeiten Rücksicht nimmt. Täuschen Sie sich nicht: Ihr Schweinehund wird Sie nicht von Herkulesplänen abhalten. Im Gegenteil, er wird Sie sogar noch anfeuern, denn er weiß aus Erfahrung: Je mehr Sie sich vornehmen, desto eher erleiden Sie frustriert Schiffbruch. Dann kann er sie ja liebevoll aus dem Wasser ziehen.

Warum haben folgende Vorsätze wenig Überlebenschancen?

- »Ab morgen fange ich an, täglich zehn Kilometer zu ›walken‹!«
- »Ich müsste wohl mal zum Arzt gehen!«
- »Ab morgen mach ich alles anders!«
- »Ich müsste mich gesünder ernähren!«
- »Ich will bald mal den Keller aufräumen.«
- »Ich könnte ja vielleicht anfangen zu joggen.«
- »Nächstes Jahr werde ich 25 Kilo abnehmen, nur noch Vollwertkost essen, aufhören zu rauchen, anfangen, täglich eine Stunde zu meditieren und mindestens auch eine Stunde Sport zu treiben.«
- »Eigentlich dürfte ich nicht so viel rauchen.«
- »Ich will mehr Zeit für Familie und Kinder haben.«
- »Ich sollte besser mehr Obst essen.«
- »Ich will sparsamer leben!«
- »Ich will versuchen, im kommenden Jahr abzunehmen.«
- »Ich muss unbedingt irgendwann die Blumen umtopfen.«
- »Ich sollte vielleicht mal versuchen, etwas mehr Sport zu treiben.«

Auflösung: Warum folgende Vorsätze wenig Überlebenschancen haben	
»Ab morgen fange ich an, täglich zehn Kilometer zu ›walken‹!«	Zu viel für den Anfang, wenn man im Walken noch untrainiert ist (Überforderung)
»Ich müsste wohl mal zum Arzt gehen!«	Konjunktiv + »wohl mal« ist doppelt unverbindlich
»Ab morgen mach ich alles anders!«	»Alles anders« ist nicht konkret und jedenfalls zu viel (Überforderung)
»Ich müsste mich gesünder ernähren!«	Konjunktiv (= unverbindlich) und Komparativ (= nicht konkret)
»Ich will bald mal den Keller auf räumen.«	»Bald mal« = es fehlt der Termin
»Ich könnte ja vielleicht anfangen zu joggen.«	Konjunktiv + »vielleicht mal« ist doppelt unverbindlich; »zu joggen« ist nicht konkret (wie viele Kilometer, wie viele Minuten?)
»Nächstes Jahr werde ich 25 Kilo abnehmen, nur noch Vollwertkost essen, aufhören zu rauchen, anfangen, täglich eine Stunde zu meditieren und mindestens auch eine Stunde Sport zu treiben.«	Herkules lässt grüßen (viel zu viel)!
»Eigentlich dürfte ich nicht so viel rauchen.«	»Eigentlich« (= ohne klare Entscheidung) + Konjunktiv + »nicht so viel« (= nicht konkret)
»Ich will mehr Zeit für Familie und Kinder haben.«	»Mehr Zeit« = Komparativ (= nicht konkret)
»Ich sollte besser mehr Obst essen.«	Konjunktiv »sollte« (= unverbindlich) + Komparativ »mehr Obst« (= nicht konkret)
»Ich will sparsamer leben!«	»Sparsamer« = Komparativ (= nicht konkret)
»Ich will versuchen, im kommenden Jahr abzunehmen.«	»Versuchen« (= Hintertür offen gelassen) + »abzunehmen« (= nicht konkret; wie viel?)
»Ich muss unbedingt irgendwann die Blumen umtopfen.«	»Muss« (= Zwang) + »irgendwann« (= kein fester Termin)
»Ich sollte vielleicht mal versuchen, etwas mehr Sport zu treiben.«	»Sollte« (= Konjunktiv = nicht konkret) + »vielleicht« (= ohne klare Entscheidung) + »versuchen« (= Hintertür offen gelassen) + »etwas mehr Sport« (Komparativ = nicht konkret)

3.
Sabotage der Ausführung

Langsam wird Ihr Schweinehund ein wenig nervös. Wenn es ihm bislang nicht gelungen ist, Ihren Entschluss zum Tätigwerden zu verhindern oder die Entscheidung selbst zu verwässern, muss er spätestens jetzt seine gemütliche Koje verlassen und alle ihm verbleibenden Register ziehen. Denn jetzt geht's zur Sache: Sie werden aktiv. Oder zumindest sind Sie im Begriff, aktiv zu werden. Gleichzeitig weiß er, dass er noch viele Chancen hat. Er wird versuchen, Sie *abzulenken*, Sie in die *Ausnahmefalle* zu locken, Sie zum *Abbruch* zu verleiten oder Ihren vergleichenden *Blick* in verhängnisvoller Weise *auf andere Menschen* zu lenken ... Bis Sie wieder mal vor ihm kuschen. Oder auch nicht, weil Sie seine Tricks inzwischen durchschauen.

Ablenkungsmanöver

Gabriela hatte sich den ganzen Samstag für die Vorbereitung der Projektpräsentation in ihrer Marketingfirma freigehalten. Ihr Freund Jochen war an diesem strahlenden Wintertag nur ungern alleine zum Skilaufen aufgebrochen, doch er wusste, wie viel für Gabrielas Werdegang in der Firma von dieser Präsentation abhing. Keine Frage, dass er Verständnis dafür hatte.

Gabriela stand an diesem Samstag auch früh auf und gönnte sich nach dem Joggen erst mal ein gemütliches Frühstück, um richtig in Schwung zu kommen. Da sie aber danach doch noch nicht so recht in Stimmung war, gestattete sie sich noch die (gerade heute etwas eingehendere) Lektüre der Samstagszeitung, die noch völlig ungelesen vor der Haustüre lag. Bei den Kinoanzeigen entdeckte sie einen alten Edgar-Wallace-Film, den Jochen schon seit langem sehen wollte, und beschloss, sofort Karten zu bestellen. Man konnte ja nicht wissen, wann sich diese Gelegenheit wieder bieten würde. »So, jetzt wird es aber wirklich Zeit, dass ich mich an meine Präsentation mache«, sagte sie zu sich, nachdem sie bei der Kinokasse angerufen hatte. Ein Blick auf die Uhr bestätigte, wie Recht sie hatte: Mittlerweile war es schon 10:35. Während sie in ihr Arbeitszimmer ging, dachte sie bereits an ihre Präsentation und daran, was alles davon abhing, und ein merkwürdiges Unwohlsein beschlich sie: »Bin ich der Aufgabe wirklich gewachsen?« »Besitze ich überhaupt genügend Sachkompetenz?« »Werden die zynischen Kollegen Jahn und Dumbrowsky nicht wieder versuchen, alles zu zerfetzen?« Nein, in dieser Stimmung konnte sie wirklich nicht anfangen, schon gar nicht inmitten eines solchen Chaos, wie es in ihrem Arbeitszimmer herrschte. »Aufräumen ordnet die Gedanken«, hatte sie neulich gelesen. So fing sie erst einmal an, den Schreibtisch und dann den ganzen Raum aufzuräumen – um im Anschluss natürlich gleich Staub zu saugen. Ohne lange nachzudenken, wurde daraus ein ganzer Wohnungsputz, einschließlich Abwaschen und Müll runtertragen. Zufrieden besah sie sich ihr Werk und war, ehrlich gesagt, sogar ein wenig stolz auf sich, denn normalerweise war Aufräumen und Putzen nicht »ihr Ding«.

Durch die Hintertür schleicht er sich immer wieder ein

Doch die Freude war von kurzer Dauer, als sie feststellen musste, dass es tatsächlich schon 13:20 war. »Oh Gott, die Präsentation!« Die nun aufkommende Panik versuchte sie mit der Überlegung zu besänftigen, dass sie ja noch den »ganzen Tag« Zeit habe. »Also jetzt ran!« Sie saß noch keine fünf Minuten am Schreibtisch, hatte gerade mal ihre Unterlagen sortiert, als ihr bewusst wurde, dass ja Samstag war und die Geschäfte um 14:00 schlossen. Ohne langes Zögern zog sie los und besorgte die noch erforderlichen Lebensmittel für das restliche Wochenende. Dabei beschloss sie, Jochen als Dank für sein Verständnis am Abend mit seinem Lieblingsessen zu überraschen. Sie spürte einen Stich in der Magengegend, als sie daran dachte, dass ihr Freund sich bei diesem herrlichen Wetter ohne sie in Sonne und Schnee vergnügte. Und das nur, damit sie ihre dumme Präsentation vorbereiten konnte! Und sie hatte noch gar nichts getan! Jetzt aber los! »Um Zeit zu sparen«, aß sie schnell im Café um die Ecke eine Suppe, und weil da zufällig ihre Kollegin Maria saß, trank sie »nur noch kurz« eine Tasse Kaffee mit, begleitet von einem schönen Stück Sachertorte. Ihre derzeitige Diät ließ sie bewusst links liegen, denn an solchen Tagen »kann man ja nicht an zwei Fronten gleichzeitig kämpfen«! Bis gegen 14:30 hatte sie der Kollegin ihre Pläne hinsichtlich der Präsentation und was sich daraus alles ergeben könnte, erzählt. Das sei sicher hilfreich – dachte sie sich –, um sich schon mal mental auf die Arbeit einzustimmen! Maria fand ihre Ideen »großartig« und war sich sicher, dass das eine »super Performance« werde.

Gabriela war sich dessen nicht mehr so sicher, als sie schließlich gegen 15:00 etwas erschöpft (wovon nur?) wieder am Schreibtisch saß. Langsam begannen Selbstzweifel an ihr zu nagen. Was war sie doch für ein undisziplinierter Mensch, dass sie es den ganzen Tag noch nicht geschafft hatte, etwas für ihre Präsentation »auf die Reihe zu bringen«? Und hatte

sie wirklich genug dazu recherchiert? Um sich zu beruhigen, beschloss sie, zu ihrem Thema noch etwas im Internet zu forschen. Vielleicht konnte sie dort noch die eine oder andere zündende Idee finden. Gegen 16:45 war sie vom »Surfen« und Bildschirmgeflimmer so erschöpft, dass sie sich ein halbes Stündchen aufs Ohr legte. Doch sie schlief tief ein, und als sie eine Stunde später erwachte, hatte sie Blei in den Gliedern. Auch eine kalte Dusche brachte sie nur halbwegs wieder in Gang. Die Präsentation? Nein, heute war einfach nicht der richtige Tag. Jetzt lohnte es sich sowieso nicht mehr anzufangen. In zwei Stunden würde Jochen kommen, den sie doch mit seinem Lieblingsessen überraschen wollte! Als Ausgleich dafür, dass sie ihn heute nicht begleiten konnte – und dies wohl auch morgen nicht würde tun können ... In Umkehrung des bekannten Sprichworts gilt dann: »Was du heute nicht kannst besorgen, das verschiebe ruhig auf morgen!«

Der einzig Zufriedene an diesem Tag war Gabrielas Schweinehund: Sieg auf der ganzen Linie! Und da sie gar nicht bemerkt hatte, wie er sie dressiert hatte, standen die Chancen sehr gut, dass es am folgenden Tag ähnlich laufen würde! Schließlich schaffte Gabriela ihre Präsentation, begleitet von zunehmendem Druck und schlechtem Gewissen, in zwei Nachtschichten unmittelbar vor dem Tag ihres Auftritts. »Das nächste Mal«, schwor sie sich, »fange ich früher an!« »Na, das wollen wir doch mal sehen!«, grunzte ihr Schweinehund zuversichtlich und kuschelte sich behaglich in sein Körbchen ...

Merksatz Nr. 15

Die Ablenkung ist der erste Schritt auf dem Weg zur Zielverfehlung.

Ist es nicht unglaublich? Da hat man ein klares Ziel, reserviert sich einen ganzen Tag oder länger, und just wenn man anfangen will, läuft der innere Schweinehund Amok, allerdings meist ohne dass wir es merken. Er entfaltet all seine Kreativität, um einen am Start zu hindern, und greift zu den tückischsten und effektivsten Sabotagemitteln. Er schafft es tatsächlich immer wieder, ein an sich recht intelligentes Wesen der Gattung *Homo sapiens* (= vernunftbegabter Mensch) am helllichten Tage dazu zu bringen, nahezu das Gegenteil von dem zu tun, was es sich vorgenommen hat, und zwar freiwillig (das heißt, ohne jeglichen äußeren Druck oder Zwang). Phänomenal! Und nicht nur am helllichten Tage, sondern sogar im Vollbesitz seiner geistigen Kräfte und im vollen Bewusstsein dessen, was dieses intelligente Wesen *eigentlich* vorhatte. Und manche Vertreter dieser Gattung sind dann tatsächlich noch so naiv zu glauben, *man* habe ihnen die *Zeit gestohlen*, jedenfalls sei sie ihnen *abhanden gekommen* oder aber eben *durch die Finger geronnen*. An so viel Naivität kann selbst der Schweinehund kaum glauben, aber er hat es aufgegeben, sich darüber den Kopf zu zerbrechen. Nach intensivem Austausch mit Artgenossen ist er zu der Erkenntnis gelangt: Bei der Gattung Mensch gibt's einfach wunderliche Phänomene, und das ist auch gut so!

Die Geschichte von Gabriela mag konstruiert erscheinen, doch nur in der Wahl der Personen und des Kontextes, nicht aber im Hinblick auf die *psychologische Dynamik des Ablenkungsprozesses*, der bei vielen Menschen in einer sehr ähnlichen Weise abläuft. Was ist hier eigentlich geschehen? Gestatten Sie eine Art *Röntgenaufnahme des Ablaufs*:

1. Jemand hat ein *größeres und wichtiges Vorhaben, das ihr/ihm nicht ganz leicht fällt* (zum Beispiel: das Haus entrümpeln, die Vorbereitung einer Seminararbeit, Rede oder Präsentation, die Anfertigung der Lohnsteuererklärung, das Schreiben eines Artikels, Buches oder eines sehr wichtigen Briefes, das Lernen für eine Prüfung, Korrekturar-

beiten und so weiter). Für die Realisierung dieses Vorhabens hat sie/er sich einen Tag (oder auch länger) Zeit genommen.

2. Wenn es dann darum geht anzufangen, entstehen schon bei dem *Gedanken an die Schwierigkeit* der Arbeit oder an die Möglichkeit, damit vielleicht nicht erfolgreich zu sein, *unangenehme Gefühle* (oder sogar Angst).
3. Fast als automatische Folge entsteht auch der *Impuls*, dem Vorhaben (das ja mit negativen Empfindungen assoziiert wird) *auszuweichen und sich abzulenken.*
4. Diesem (oft »soghaft«-verführerischen) Impuls folgt sie/er (meist unbewusst) und *wechselt spontan zu weniger schwierigen* (meist auch weniger wichtigeren) *oder angenehmeren Beschäftigungen* – innerlich begleitet von Pseudorechtfertigungen (wie »nicht in der richtigen Stimmung« zu sein oder »eben nur noch kurz« dies oder jenes zu tun oder gar »tun zu müssen«).
5. Die *kurzfristig verspürte Erleichterung* schlägt in der Regel schnell um, und zwar in *erneute, meist stärkere negative Gefühle* (aufgrund zunehmenden Zeitdruckes und schlechten Gewissens).
6. Dies wiederum *verstärkt den Impuls, erneut auszuweichen* und sich abzulenken.
7. Der so entstehende Teufelskreis kann sich so lange wiederholen, bis *schließlich das Vorhaben völlig aufgegeben* wird *oder* es am Schluss *auf den letzten Drücker* in einem »Arbeitsmarathon« *gerade noch* erledigt wird.
8. Je häufiger dieser Prozess so verläuft, desto mehr *untergräbt er unser Selbstvertrauen* und desto größer wird die *Gefahr, dass er zur Gewohnheit wird!*

Der Ablenkungsvorgang

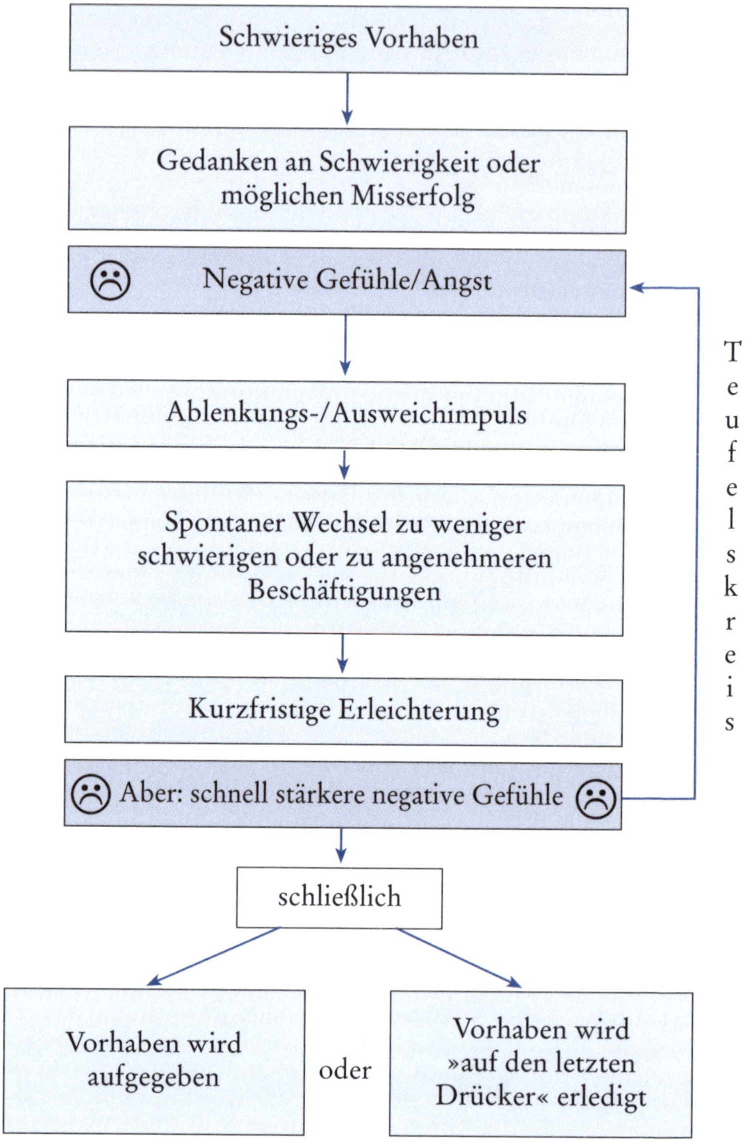

Das Diagramm auf der gegenüberliegenden Seite stellt grafisch dar, *welchen Ablauf* dieser Ablenkungsprozess nimmt. Und *womit* wir uns am liebsten ablenken, das ersehen Sie aus der Übersicht auf Seite 76.

Bei näherem Hinsehen kann man *zwei neuralgische Punkte* ausmachen, an denen wir besonders gut erkennen können, wie uns unser unsichtbarer Feind aufs Glatteis führt: Es geht dabei um *Märchen* sowie um *Verführung & Betrug*.

Das Märchen von der richtigen Stimmung

Nicht nur Kinder lieben Märchen. Auch Erwachsene lassen sich von ihrem Schweinehund gerne Märchen erzählen. Und eines der Lieblingsmärchen des inneren Schweinehundes ist das *Märchen von der richtigen (oder falschen) Stimmung*. Diesem Märchen glauben die meisten Menschen in der Startphase eines neuen Projekts, wenn sie meinen, sie müssten immer *»inspiriert«* und *in der richtigen Stimmung* sein, um anfangen zu können. »Ich bin echt noch nicht in Stimmung«, sagen sie dann zu sich oder anderen, »ich bin eben einfach nicht motiviert«. So ein Pech aber auch! Doch wenn wir diese Einstellung mal ganz nüchtern betrachten, so entpuppt sie sich als verhängnisvolle Illusion: *»Ich bin nicht motiviert« heißt im Klartext also: »Ich habe keine Lust.«*

In Wirklichkeit geht es nur darum, *einfach anzufangen*. So banal das klingen mag. Und auch wenn wir nicht »in Stimmung« sind: Die Stimmung kommt in der Regel, wenn wir losgelegt haben und bei der Sache sind – so wie häufig »der Appetit mit dem Essen kommt«. Meist stellen wir dann verwundert fest, dass alles gar nicht so schwer ist, wie wir dachten. Dies ist übrigens keine psychologische Entdeckung der Neuzeit, das wussten schon die alten Römer. So sagte der Philosoph Seneca treffend: »Nicht weil es schwer ist, wagen wir es nicht, sondern weil wir es nicht wagen, ist es schwer!«

Die beliebten Ablenkungsmanöver

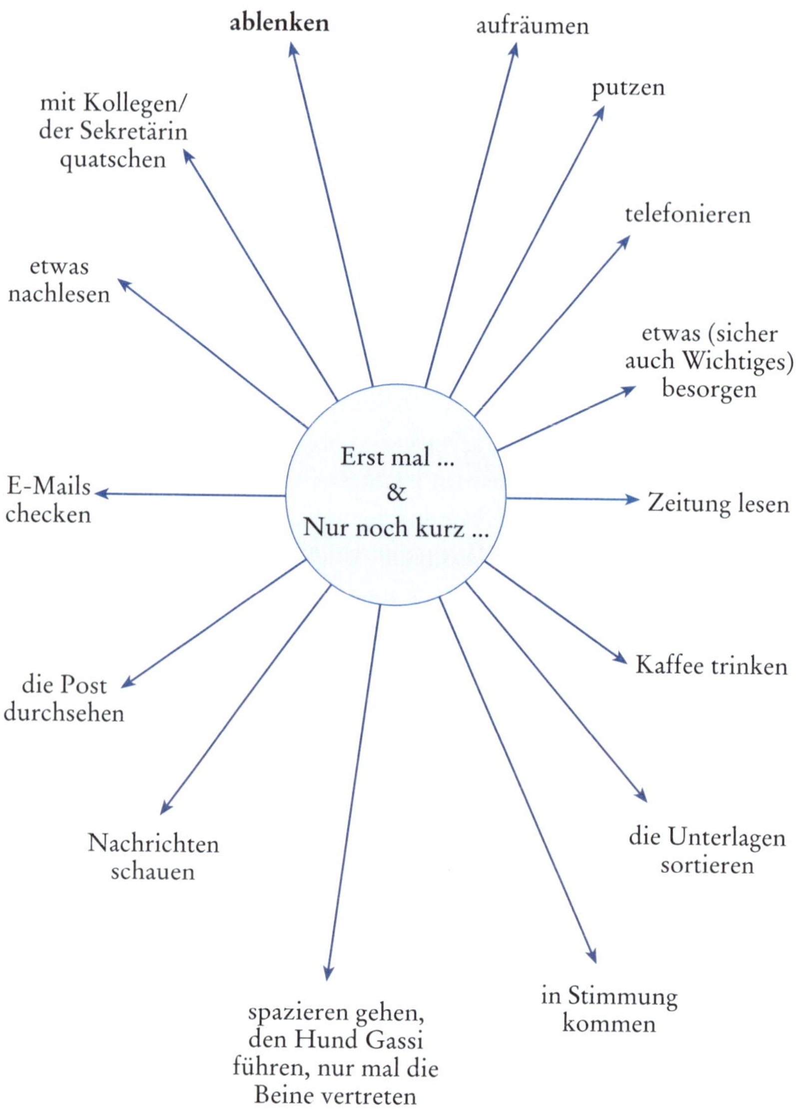

Oder mit den Worten von Marie von Ebner-Eschenbach: »Müde macht uns die Arbeit, die wir liegen lassen, nicht die, die wir tun!« Denn: Nichts lähmt mehr als das Nichtstun.

Eine von Schweinehunden ebenfalls mit Erfolg eingesetzte Variante ist das *Märchen vom richtigen (oder falschen) Zeitpunkt*. Besonders wenn es um wichtige, längst fällige Aussprachen geht, sei dies mit dem Chef, den Kollegen, dem Ehe-/Lebenspartner oder den Kindern. So kann es passieren, dass jedes Mal, wenn man sich schon halb durchgerungen hat, mal offen miteinander zu reden, plötzlich die (erleichternde) Erkenntnis auftaucht, dass es *wohl der falsche Zeitpunkt* ist. Anhaltspunkte dafür findet unser Schweinehund zur Genüge: Der Chef ist zurzeit »echt schlecht drauf«, die Partnerin/der Partner ist gerade viel zu eingespannt oder hat andere (sicher wichtigere) Dinge um die Ohren (»Da kann ich sie/ihn nun wirklich nicht noch mit Beziehungsproblemen belasten!«). Und »die Kids haben mit der Schule sowieso schon genug Stress!« Also lieber auf den richtigen Zeitpunkt warten – vielleicht hat man ja Glück, und er kommt nie! Denn dann bleibt einem die Auseinandersetzung mit den womöglich auftauchenden Problemen, Konflikten und deren Konsequenzen erspart!

»Eben«, sagt der Schweinehund, »bloß keine Probleme, bloß keine Veränderungen, lasst uns harmonisch so weiterleben, in Friede, Freude, Eierkuchen!« Es soll sogar mal jemanden gegeben haben, der nie den richtigen Zeitpunkt gefunden hat, seiner Angebeteten den (längst fälligen) Antrag zu machen. Er verstand nie, warum diese dann mit einem anderen verschwand. Aber das muss wohl auch nur ein Märchen sein!

Damit wir uns nicht falsch verstehen: Natürlich gibt es Situationen, in denen für eine Aussprache, eine Bitte oder ein sonstiges Anliegen *eindeutig der falsche Zeitpunkt* gegeben sein kann. So zum Beispiel, wenn Sie die »Beziehungskiste« mit Ihrem Schatz just in dem Augenblick klären wollen, in dem sie/er in Eile zu einem wichtigen Termin aufbrechen will. Doch wenn Sie über einen längeren Zeitraum hinweg nie den richtigen Zeitpunkt finden, dann scheint Ihr Schweinehund unbemerkt die Fäden zu ziehen! Und mal ganz ehrlich: Sind Sie sicher, dass schon der richtige Zeitpunkt gekommen ist, Ihrem Schweinehund auf die Schliche zu kommen? Vorsicht, es könnte Konsequenzen für Sie haben ...

Die betrügerische Verführung

So manch einer träumt in seinem Leben von verlockenden Verführungen. Ihnen zu erliegen erscheint allzu menschlich: Nur Krieger, Helden und Heilige seien standhaft. Doch selbst für einen noch so hedonistischen Genussmenschen macht es wenig Sinn, einer Verführung zu erliegen, ohne sie richtig zu genießen! Wer nur halbherzig nachgibt, um dann hinterher ein schlechtes Gewissen zu haben, wird kaum richtig genießen und betrügt sich selbst. Und genau das geschieht, wenn wir dem plötzlich auftauchenden Ablenkungsimpuls willig folgen. Natürlich ist er in diesem Augenblick äußerst verführerisch, da er uns verspricht (wenn auch nur vorübergehend), unsere negativen Gefühle gegen angenehmere einzutauschen. Hier reagiert unser mächtiger Trieb, Angst und Unlust im Leben zu vermeiden! Dagegen ist der reine Verstand oft machtlos. Es scheint so, als ob wir von einer unsichtbaren Kraft gezogen werden, dem Ablenkungsreiz zu folgen und auf eine leichtere und angenehmere Tätigkeit auszuweichen. Für den Gewinn der sofortigen Entlastung bezahlen wir den Preis, dass wir uns später noch schlechter fühlen (was – wie schon gezeigt – die Versuchung, das eigentliche Vorhaben erneut aufzuschieben, nur erhöht).

Ist es nicht absurd, dass wir etwas mit schlechtem Gewissen tun, was wir nur wenig später – nämlich in den notwendigen Pausen oder nach getaner Arbeit – ganz unbeschwert, ja sogar verdientermaßen genießen könnten?

Das Verhängnisvolle an der ganzen Sache ist: Dies alles geschieht, ohne dass wir merken, was da unbewusst abläuft. Noch schlimmer: Insgeheim spüren wir fast ein *diebisches Vergnügen*, uns selbst auszutricksen (beziehungsweise von unserem Schweinehund austricksen zu lassen). Hans-Werner Rückert beschreibt in seinem Buch *Schluss mit dem ewigen Aufschieben. Wie Sie umsetzen, was Sie sich vornehmen*, wie etliche seiner Seminarteilnehmer den *Vorgang der Vermeidung mit Spaß und Genuss* schildern; als seien sie *»verliebt in etwas Subversives* in sich, das sich ihren bewussten Zielen entgegenstellt«. Genau in dem Augenblick, da man loslegen wolle, komme so ein verführerischer kleiner Triebimpuls: Man könne doch erst einmal ein bisschen trödeln, fernsehen, ausweichen, und *lächelnd folge man ihm.* (Hervorhebungen durch den Autor.) – Der Galgenhumor dabei ist unschwer erkennbar: *Es mag uns wohl ein »diebisches Vergnügen« bereiten, uns auszutricksen – doch die Bestohlenen sind wir selber!*

Nein, genauer gesagt sind wir nicht die Bestohlenen, sondern die *Betrogenen.* Im Unterschied zum Diebstahl, bei dem etwas ohne den Willen des Opfers entwendet wird, gibt der Betrogene infolge einer *Täuschung* etwas *freiwillig* her und kommt dadurch zu Schaden. Und genau das tun wir: Wir täuschen uns, indem wir uns vormachen, auszuweichen sei angenehmer und harmlos. Wir geben freiwillig etwas von unserem Vorhaben auf und schädigen uns damit selbst, weil unser Projekt auf diese Weise nicht fertig wird und wir uns obendrein mehr und mehr demotivieren. Wir? Natürlich macht das alles nur unser »böser« Schweinehund mit uns. Wir sind ja nur die »unschuldigen« Opfer ... Aber diese Sündenbock-Rolle kennt er schon – und da hat er bekanntlich ein dickes Fell!

Ausnahmefalle

Ich hatte mir fest vorgenommen, in Zukunft, vom 21. März an, also mit Frühlingsbeginn, die sechs Kilometer zu meinem

Büro immer mit dem Fahrrad zu fahren. Das wäre viel besser für die Umwelt und meine Gesundheit. Außerdem gab es einen herrlichen Fahrradweg durch den Park, und sollte es mal regnen, hielt direkt vor unserem Haus der Bus, der mich in zwei Stationen zum Ziel bringen würde. Also: Das Auto sollte von nun an für diesen Zweck in der Garage bleiben. – Herrlich war es, ich war sehr zufrieden mit meinen neuen Verkehrsmitteln! – Dann, eines Morgens, es war der 7. April, geschah es: Ich war schon spät dran, und es nieselte ein wenig; der Bus war schon weg, und ich schlug den Weg zum Fahrradschuppen ein. Da sah ich, wie mein Schweinehund schwanzwedelnd in Richtung Garage trabte und mich bedeutungsvoll ansah. Sein Blick sagte alles: »Wärst du doch früher aufgestanden. Du kommst noch zu spät. Bei dem miesen Wetter wirst du nicht nur nass, du holst dir womöglich noch eine Bombenerkältung. Wenn du *einmal* mit dem Auto fährst, wird das Ozonloch auch nicht größer. Außerdem kannst du auf dem Heimweg gleich noch Kaminholz mitnehmen. Und bisweilen muss so ein Auto auch bewegt werden.« – »Na gut, ausnahmsweise! Aber morgen fahre ich wieder mit dem Rad!« – Mein kleiner Begleiter nickte und sprang auf den Rücksitz. Tatsächlich fuhr ich am folgenden Tag wieder Rad. Doch drei Tage später saß ich wieder im Wagen, dann immer häufiger. Und gestern noch sagte ich zu einem Kollegen in der Kneipe: »Eigentlich müsste man doch bei diesem herrlichen Sommerwetter mal wieder aufs Rad steigen! Nicht wahr?«

Merksatz Nr. 16

Schweinehund-Dreisatz:

ausfallen lassen – schleifen lassen – sein lassen.

In dieser, vielleicht ganz harmlos klingenden Geschichte steckt leider eine psychologische Tretmine. Bei vielen *Verhaltensänderungen*, die

wir über einen längeren Zeitraum hinweg oder gar für immer beibehalten wollen, lässt uns der Schweinehund weise lächelnd ungestört mit der Veränderung anfangen. Denn er weiß aus Erfahrung, dass wir früher oder später in die *Ausnahmefalle* tappen. Und diese Falle hat die böse Eigenschaft, die meisten Vorhaben zu vernichten oder sie zumindest relativ spurlos aus unserem Leben zu tilgen. Ob es sich dabei nun um eine neue Diät, den Anfang der Nichtraucherkarriere, das tägliche Joggen, die wöchentliche Zeitplanung, das häufigere Tagebuchschreiben oder sonst eine Lebensbereicherung handelt, die zur Gewohnheit werden soll. Der Schweinehund weiß um die ungeheure *Sogkraft alter Gewohnheiten* und um die *Anfälligkeit und Schwäche neuer Vorhaben*. Natürlich, da mag am Anfang noch das Feuer der Begeisterung flackern, dass Sie endlich begonnen haben zu ...! Und Sie erzählen es Ihren Freunden und Kollegen, die Sie (zumindest nach außen hin) beglückwünschen und bewundern. Insgeheim aber vielleicht denken: »Dein Schweinehund wird dich schon noch kriegen«, denn diese Erfahrung haben sie ja selber oft genug gemacht! – Und so kommt er dann, *der besondere Anlass*, zu dem wohl mal eine Ausnahme erlaubt sein wird! Am Geburtstag der Oma *muss* natürlich deren Torte gegessen werden, bei dem Umtrunk *kann man* sich *doch nicht* mit Mineralwasser »outen«, bei *dem* miserablen Wetter ist es nun wirklich nicht gesund zu laufen, und wenn einer bei der Chorprobe *mal* fehlt, so ist das *sicher nicht so wild*. Nein, an sich ist das auch alles nicht so wild, und der Schweinehund flüstert unwidersprochen: »Einmal ist keinmal!« Doch die erste Ausnahme macht die zweite viel leichter und damit wahrscheinlicher, und ganz schnell ist der Punkt erreicht, wo es dann »eh schon egal« ist. Bevor Sie es richtig merken, haben Sie Ihr Vorhaben *schleifen lassen*, um es schließlich *sang- und klanglos* völlig fallen zu lassen. Und würde man diesem Vorsatz einen Grabstein setzen, so stünde dort: »Nach kurzer Lebensdauer verschied dieser junge, noch so Erfolg versprechende Vorsatz, tragischerweise, allerdings nach nur kurzem Leiden in der berühmten Ausnahmefalle!«

Doch kein Grund zur Beunruhigung: Man könnte ja *ausnahmsweise* keine Ausnahme machen!

Übrigens: Nicht immer bedarf es des besonderen Anlasses, um in die Ausnahmefalle zu tappen. Manchmal wird man auch ohne irgendeinen bestimmten äußeren Grund *einfach nachlässig,* und die Ausnahme *schleicht sich unbemerkt ein* (mit der zweiten Ausnahme schon im Schlepptau). Das ist leicht dann der Fall, *wenn wir uns schon zu sicher fühlen.* Aber genau darauf hat der kleine Saboteur gewartet! Kann man es ihm verübeln? Mit Unschuldsmiene schaut er uns freundlich an und grunzt zufrieden, während er sich noch das Maul leckt: »Sorry, war nicht böse gemeint! Ich konnte einfach nicht anders: so ein leckerer Vorsatz! Hat ganz prima geschmeckt!«

Die Abbruchstaktik

Es kann noch so gut begonnen haben: Früher oder später stoßen wir bei den meisten Vorhaben auf Schwierigkeiten oder Phasen verminderter Motivation. Das sind die entscheidenden Momente, in denen es gilt durchzuhalten, weiterzumachen oder – wie man bildhaft sagt – sich durchzubeißen. Doch das ist mit einer gewissen Anstrengung verbunden, und die wiederum behagt unserem tierischen Begleiter gar nicht. Genau in der Situation, wo wir trotz all unserer Willenskraft eigentlich Unterstützung bräuchten, fällt er uns in den Rücken. Jetzt müssen wir auch noch seinen Einflüsterungen standhalten, die uns weismachen wollen: »Das Ganze kostet doch viel zu viel Kraft!« – »Lohnt das wirklich all diese Anstrengung?« – »Letztlich bringt es doch nichts!« – »Das ist nichts für dich, du hast andere Begabungen!« – »Schau doch, was du alles

Die Schweinehunde tragen einen Vorsatz zu Grabe

an Lebensgenuss versäumst – man lebt doch nur einmal!« Das Ganze wird dann noch gekrönt mit der Aufforderung: »Also lass es doch lieber sein, gib's auf!« – Nicht selten kann es dann passieren, dass wir tatsächlich frustriert beginnen, an uns, unseren Fähigkeiten und unserem Vorhaben zu zweifeln. Wenn es schlecht läuft, werfen wir tatsächlich das Handtuch und stellen uns selber ins Aus. »Spiel, Satz, Sieg ...«, denkt daraufhin unser Schweinehund und macht sich bereit, uns zu trösten.

Merksatz Nr. 17
Lieber fröhlich abgebrochen,
als mühevoll zum Ziel gekrochen!

Kampferprobte Veteranen dagegen wollen es jetzt erst recht wissen. Sie *erhöhen* einfach den *inneren Druck* und zwingen sich, mit aller Gewalt weiterzumachen. »Das wäre doch gelacht, wenn ich das nicht schaffe! Und wenn ich mit dem Kopf durch die Wand muss!« Auch sie machen ihre Rechnung allerdings oft ohne den Wirt, in diesem Fall natürlich ohne ihren inneren Schweinehund. *Druck* kann er schon gar nicht ausstehen! Und *je mehr Druck, desto stärker der Gegendruck*! Jetzt kann ein Titanenkampf der inneren Kräfte beginnen. Je mehr solcher Schlachten Sie in Ihrer Vergangenheit für sich entschieden haben, umso größer die Wahrscheinlichkeit, dass Sie auch diesmal siegen. Allerdings kann es dann passieren, dass Ihr Schweinehund einen inneren »Sitzstreik« antritt. Und auch den gilt es dann auszusitzen! Am Ende stellt sich die Frage, ob der Sieg, den Sie durch Druck und Zwang erreichen, nicht doch ein »Pyrrhus-Sieg« ist – aber zumindest haben Sie nicht abgebrochen! (Wie Sie auch auf andere Weise durchhalten und am Ball bleiben können, erfahren Sie in Teil III, Seite 103.)

Der verhängnisvolle Blick auf andere

Martin Schwupp, Jurastudent im 8. Semester, stand kurz vor seinem schriftlichen Staatsexamen und lernte täglich in der Universitätsbibliothek für seine Prüfung. An einem Mittwochmorgen wollte überhaupt nichts so richtig laufen. Er hatte das Gefühl, gar nichts mehr zu verstehen, und beschloss, erst einmal eine kurze Zigarettenpause einzulegen. Im Vorraum der Bibliothek traf er seine Leidensgenossin Manuela, ebenfalls mit Glimmstängel in der Hand. »Zufälligerweise« kam ihr Gespräch auf die »echt ätzende« Prüfungsvorbereitung, sie ergingen sich in gemeinsamen Klagen über das zermürbende Büffeln und Pauken und stellten (fast erleichtert) fest, gerade »echt keinen Bock« mehr zu haben. So beschlossen sie, »gemeinsam nichts zu tun«, und zogen ab, Richtung Cafeteria, wo sie möglicherweise auf Gleichgesinnte treffen würden. Nein, an diesem Tag wurde aus dem Lernen nichts mehr. Martin war auch gar nicht beunruhigt: Manuela und noch zwei andere Kommilitonen, die sich dazugesellt hatten, lernten schließlich auch nicht! – Unter dem Bistrotisch saßen ihre Schweinehunde in bester Stimmung beieinander. Ja, sie sind auch sehr gesellige Tiere, die gerne mit anderen Artgenossen zusammenkommen und ihren Frauchen und Herrchen gemeinsam beim Nichtstun zuschauen ...

Merksatz Nr. 18
Gemeinsam nichts zu tun ist sozialer als einsam zu schuften.

Martins Pause mag psychologisch durchaus sinnvoll gewesen sein, insbesondere wenn er schon über einen längeren Zeitraum hinweg kontinuierlich gelernt hatte. Doch das Tückische an diesem Ablauf ist der *Vorgang des Selbstbetruges*, der hier wieder stattgefunden hat: Da ein anderer Mensch in einer vergleichbaren Situation sein Vorhaben auch aufgibt oder durchbricht, erscheint es uns nicht mehr so schlimm, wenn wir ebenfalls abbrechen oder eine Ausnahme machen. »Gemeinsam tut es nicht so weh!« – »Schau«, sagt da eine innere (wohlbekannte) Stimme, »die/der tut's ja auch!«: »Michael macht heute auch eine Laufpause.« »Rita isst auch ein Stück Sahnetorte, obwohl sie die gleiche Diät macht!« »Mein Kollege hat seine Steuererklärung auch wieder aufgeschoben.«

Offensichtlicher als mit der »Andere-tun-es-doch-auch«-Formel kann man sich nun wirklich nicht in die eigene Tasche lügen. Natürlich mag es uns erleichtern, wenn wir mit unseren Schwächen nicht alleine sind (nicht umsonst sind Menschen mit Schwächen sympathischer als perfektionistische Typen). Doch: *Es hilft mir persönlich überhaupt nicht, wenn ein anderer sich ebenfalls schadet.*

Der *Blick auf andere* ist ab und zu legitim, kann aber zu einer verhängnisvollen Falle werden, die uns zu Ausnahmen oder gar zur völligen Aufgabe unserer Vorsätze verleiten kann. Wenn wir schon meinen, uns vergleichen zu wollen, dann doch bitte mit denjenigen, die durchhalten, weitermachen und am Ball bleiben.

4. Nach dem Sieg des Schweinehundes

Nun gut, der Schweinehund hat gewonnen, auf welche Weise auch immer. Doch unser kleiner Begleiter macht sich nicht einfach mit seinem Siegerpokal aus dem Staub. Nun steht er uns zur Seite, um unsere Niederlage zu verdauen. Er setzt sein Krankenschwesterhäubchen auf, um uns zu *trösten*, stimmt mit uns eines der beliebten und verbreiteten *Opferlieder* an. Leider hindert er uns in den seltensten Fällen daran, uns in *Selbstmitleid* zu ergehen, da er auf diese Weise schon den Boden für zukünftige Sabotagen bereitet.

Tröstende Opferlieder

»Habt Ihr schon gehört? Michael raucht wieder!«, verkündete Bärbel ihren Freunden in der Kneipe. »Nein! Das ist doch nicht möglich, das glaub ich nicht!«, erwiderte Ralf. »Doch, und ich hab's gleich gewusst!«, ergänzte Bärbel, die selber auch schon viele Male das Rauchen aufgegeben hatte, um jedes Mal nach kurzer Abstinenz erneut damit anzufangen.

Tatsächlich hatten alle Michael bewundert, als er an seinem 30. Geburtstag von heute auf morgen mit jeglichem Nikotin gebrochen hatte. Immerhin rauchte er schon seit 15 Jahren, und in der letzten Zeit vor seinem Geburtstag wurden es 20 bis 30 Zigaretten, die er im Laufe eines Tages in blauen Dunst verwandelte. Damit war dann plötzlich Schluss – und das nun schon seit über drei Monaten!

Kein Wunder, dass die Nachricht, Michael rauche wieder, wie eine Bombe einschlug! Jedenfalls wurde es sofort zum Thema des Abends. In null Komma nichts erging sich die Runde der vier Freunde, die nur noch auf Michael warteten, über die Schwierigkeiten, ja gar die Unmöglichkeit, eine Gewohnheit wie das Rauchen wieder loszuwerden. Jäh verstummte das Gespräch, als Michael plötzlich die Kneipe betrat und sich dem Tisch näherte. Alle sahen ihn an, und da er schon ahnte, was ihre Blicke verrieten, rückte er lieber gleich damit raus: »Ja, es stimmt, ich rauche wieder!« Während er sich eine Zigarette zwischen die Lippen schob und lässig anzündete, fügte er hinzu: »Der Tabak war einfach stärker! Außerdem ist das ja nicht auszuhalten, wenn im Büro drei Kolleginnen rauchen. Da kommst du dir in der Pause wie ein Depp vor, wenn du mit leeren Händen dabeistehst!« Natürlich, das verstand jeder der Anwesenden, und Anita eilte ihm auch sofort seelisch zu Hilfe: »Und unser System ist ja auch absolut nichtraucherfeindlich! – Wo auch immer du hinkommst, wird gequalmt. Da bleibt einem ja gar nichts anderes übrig, als mitzumachen!« – Schon nach kurzer Zeit im Kreise seiner Freunde ging es Michael besser (Wie gut sie ihn doch verstanden!), und nicht nur ihm ging es besser, auch seinem Schweinehund, der sich nun gemütlich zu seinen Füßen auf den Boden kauerte und einschlief.

Merksatz Nr. 19

Suchet, dann werdet Ihr einen Sündenbock finden!

Schweinehunde sind Experten, wenn es darum geht, *das schlechte Gewissen zu beruhigen*, es mit *vordergründig tröstenden Worten* einzulullen und jegliche *Schuldgefühle im Keime zu ersticken.* Durch raffinierte Beruhigungsversuche verhindern sie, dass wir plötzlich »aufwachen« und erkennen, wie wir uns permanent sabotieren (lassen!?). Die hierbei angewandte Taktik ist uralt. Schon im *Alten Testament* wird von der *Sündenbock-Strategie* berichtet: War im auserwählten Volk Gottes eine Sünde oder sonst ein schweres Vergehen begangen worden, so wurde durch ein Ritual die Sünde auf ein Tier übertragen (den so genannten *Sündenbock*) und dieses dann stellvertretend in die Wüste gejagt. Hierdurch – nahm man an – wurde das Volk wieder von seiner Sünde gereinigt.

Unsere inneren Schweinehunde scheinen mit dieser Taktik sehr vertraut zu sein und lassen sie uns auf eine ähnliche Weise häufig praktizieren. Der *psychologische Mechanismus* funktioniert heutzutage wie folgt (siehe auch die Darstellung auf Seite 90):

Wenn *etwas nicht geklappt hat oder schiefgelaufen* ist, wird ein *Schuldiger gesucht*, an den unbewusst/automatisch die *Verantwortung* für den selbst verursachten Misserfolg *abgegeben* wird.

Manchmal muss hierfür etwas ganz *Konkretes* herhalten, wie das Wetter, ein Datum, das Essen, der eigene Charakter, das eigene Sternzeichen oder die Zeit. Das klingt dann beispielsweise so:

- »Bei dem *Wetter* kann man einfach nicht …!«
- »Es war eben *Freitag, der 13.*!«
- »Diese ewigen *Geschäftsessen*, da kann man ja nicht abnehmen!«
- »Ich hab halt eine *Veranlagung* zum Zunehmen!«
- »Das gute *Essen meiner Frau* macht mich dick.«
- »Ich hatte einfach *zu viel* zu tun!«
- »Ich kann halt nicht *aus meiner Haut* raus!«
- »Die *Sucht* hat mich besiegt.«
- »Ich *wurde* halt *verführt.*«
- »Mit diesen *Kollegen* musste es ja schief gehen!«

Der verhängnisvolle Kreislauf des Opfers

Etwas gelingt einem nicht.

↓

Ein **Schuldiger** wird gesucht (konkret oder abstrakt), an ihn (als Sündenbock) wird die **Verantwortung abgegeben.**

↓

Der nunmehr »Unschuldige« kann eine **Opferhaltung** einnehmen und das Opferlied singen.

↓

Meist findet er **verständnisvolle Zuhörer,** die Absolution erteilen.

↓

Dadurch werden Eigenbeitrag und **Fehler nicht gesehen,** und es kann nicht gelernt werden.

↓

Der Fehler wird sich **wiederholen.**

In anderen Fällen werden *anonyme Kräfte* außerhalb unseres Einflussbereiches an den Pranger gestellt: die Umstände, das System, der Zeitgeist, das Schicksal oder gar die Sterne. Das hört sich dann so an:

- »Das *Schicksal* wollte es anders!«
- »*Es* ist mit mir durchgegangen.«
- »Es *sollte* halt *nicht sein*!«
- »*Pech* gehabt!«
- »In unserem *System* kann man gar nicht anders!«
- »*In der heutigen Zeit* kann man ja gar nicht gesund leben!«
- »Die *Sterne* standen eben ungünstig!«
- »Ich bin eben *Steinbock*, da ist das so!«

Alles klar? Das entschuldigt doch die verpatzte Sache, oder? (Eine Hitliste der beliebtesten Schuldigen, die in den meisten »Ich-kann-doch-nichts-dafür«-Liedern vorkommen, finden Sie auf Seite 92.)

Durch das *Abwälzen der Verantwortung* verwandelt sich der Betroffene in ein (scheinbar willenloses) *Opfer,* das nun, wie einstmals Pontius Pilatus, seine Hände in Unschuld waschen kann. Die von den Opfern (oder von ihren Schweinehunden) vorgebrachten Gründe klingen so überzeugend, dass der Eindruck entsteht, hier sei wirklich keine Wahl mehr geblieben, als sich den stärkeren Umständen zu beugen. Die *Opferlieder* sind bewährt, betörend und stoßen tragischerweise fast immer auf *verständnisvolle Ohren.* Es menschelt halt, und »wer jammert, hat immer Kollegen – er ist nie allein!« (Reinhard K. Sprenger, *Die Entscheidung liegt bei Dir! Wege aus der täglichen Unzufriedenheit*).

Verpackt in die solidarisierende »Du-weißt-ja-wie-das-ist-Folie« werden die anderen, ohne es zu merken, zu *Kollaborateuren.* Von ihnen erwarten wir die *Absolution* – und erhalten sie auch! Die Absolution wird leicht gewährt, denn wer sie erteilt, erwartet sie natürlich im umgekehrten Fall genauso. Das ist Teil des großen Spiels, bei dem wir uns selbst und anderen in die Tasche lügen.

Das Ausreden-Menü der Opferstorys

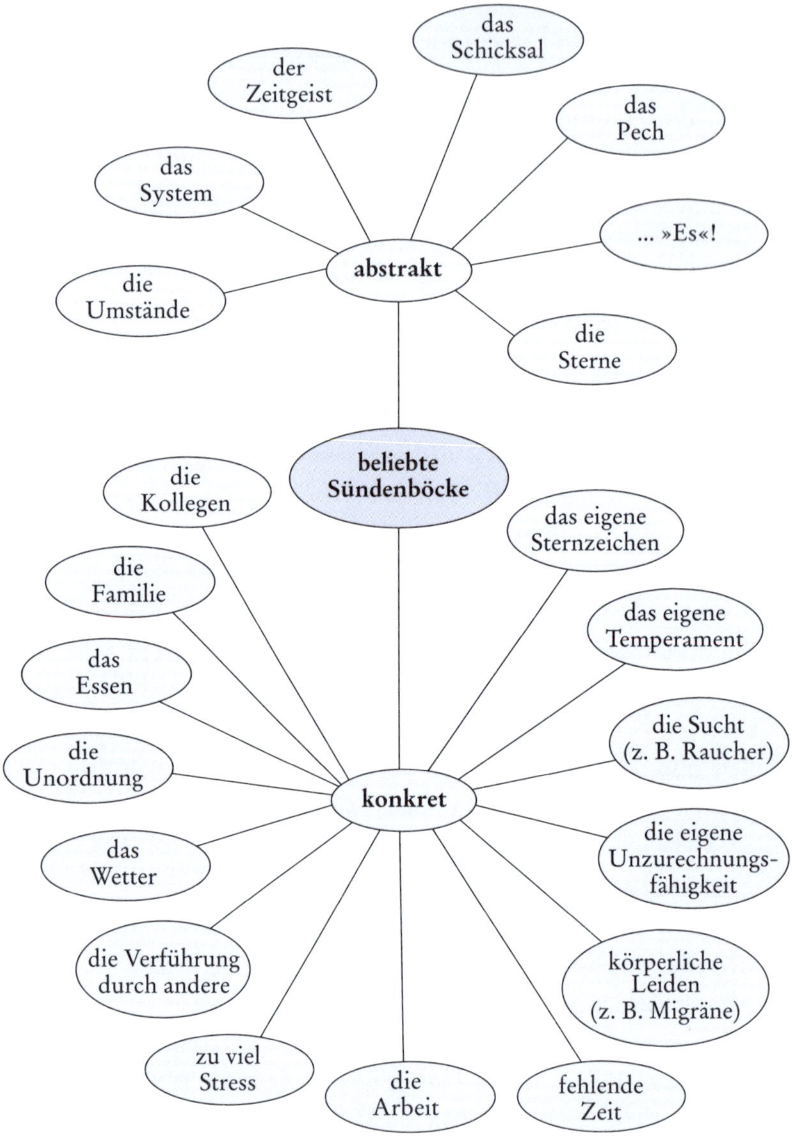

Doch das Spiel ist so verbreitet und wird seit Generationen gespielt, dass es gar nicht mehr auffällt. Die Opferlieder werden so häufig gesungen, dass wir sie am Ende sogar selber glauben. Dieser Prozess läuft oft *unbewusst* ab, und wir erkennen weder den eigenen Beitrag, der zum Scheitern geführt hat, noch den darauf folgenden Mechanismus, die Verantwortung abzuwälzen. Auf diese Weise verbauen wir uns die Möglichkeit, zu lernen und wirklich etwas zu verändern. Denn: Wenn andere oder »die Umstände« schuld sind, dann brauche ich mich nicht zu ändern!

Und genau dadurch bereiten wir schon den Boden für die nächste Niederlage. *Fehler,* die wir nicht als solche erkennen, werden sich in aller Regel *wiederholen.* Bei manchen Menschen kann sich der gleiche Fehler wie ein roter Faden durch ihr ganzes Leben ziehen – ohne dass sie es merken!

Die einzige Möglichkeit, diesen Teufelskreis zu durchbrechen (oder besser gesagt, aus diesem inneren Schweinehunde-Nebel aufzutauchen) besteht darin, *uns dieses automatischen Vorgangs*, nämlich Verantwortung abzuschieben, *bewusst zu werden* und ganz ehrlich und nüchtern die Ursachen des Scheiterns bei uns selbst zu suchen. Auf diese Weise übernehmen wir wieder die *Verantwortung*, können daraus lernen und das nächste Mal vielleicht etwas daran ändern. Oder anders ausgedrückt: *Unbewusste Muster bestimmen unser Leben – bis wir sie endlich durchschauen. Denn erst wenn wir wissen, was wir tun, können wir anfangen, etwas anderes zu tun.*

Das soll bitte nicht so verstanden werden, dass die Erkenntnis eines Fehlers automatisch dazu führe, diesen nicht zu wiederholen. Wir werden ihn noch häufiger begehen, wenn es sich um ein altes Muster im System unserer Gewohnheiten handelt. Doch mit jedem Mal wächst die Chance, es anders zu machen! Dies kommt im folgenden Text von Sogyal Rinpoche besonders gut zum Ausdruck. Voraussetzung ist die Bereitschaft, aufzuwachen, die Vernebelungsspiele aufzugeben und bewusst die Verantwortung wieder zu übernehmen!

Autobiographie in fünf Kapiteln

1. *Ich gehe die Straße entlang.*
   Da ist ein tiefes Loch im Gehsteig.
   Ich falle hinein.
   Ich bin verloren ... Ich bin ohne Hoffnung.
   Es ist nicht meine Schuld.
   Es dauert endlos, wieder herauszukommen.

2. *Ich gehe dieselbe Straße entlang.*
   Da ist ein tiefes Loch im Gehsteig.
   Ich tue so, als sähe ich es nicht.
   Ich falle wieder hinein.
   Ich kann nicht glauben, schon wieder am gleichen Ort zu sein.
   Aber es ist nicht meine Schuld.
   Immer noch dauert es lange, herauszukommen.

3. *Ich gehe dieselbe Straße entlang.*
   Da ist ein tiefes Loch im Gehsteig.
   Ich sehe es.
   Ich falle immer noch hinein – aus Gewohnheit.
   Meine Augen sind offen.
   Ich weiß, wo ich bin.
   Es ist meine eigene Schuld.
   Ich komme sofort heraus.

4. *Ich gehe dieselbe Straße entlang.*
   Da ist ein tiefes Loch im Gehsteig.
   Ich gehe darum herum.

5. *Ich gehe eine andere Straße.*

Sogyal Rinpoche, aus: Das tibetische Buch vom Leben und vom Sterben. Ein Schlüssel zum tieferen Verständnis von Leben und Tod, mit einem Vorwort des Dalai Lama, übersetzt aus dem Englischen von Thomas Geist, O. W. Barth 1993. S. Fischer Verlag GmbH, Frankfurt am Main

Destruktive Versagerlieder

Jetzt ist der Zeitpunkt gekommen, an dem Sie aufpassen müssen, dass der Schuss nicht nach hinten losgeht: Verantwortung übernehmen bedeutet nicht, sich selber fertig zu machen und als Versager zu verurteilen. Manche Menschen neigen dazu, sich bereits nach einer kleinen Niederlage in Selbstmitleid zu ergehen und auf verabsolutierende Weise zu deklamieren: »Da sieht man es mal wieder, ich schaff doch sowieso *nichts*!« – »Es hat doch sowieso *alles* keinen Sinn, was ich auch anpacke, geht schief!« – »Ich bring's halt nicht, ich krieg doch sowieso *nix* auf die Reihe!« Das ist der schnellste Weg, um weitere Niederlagen zu programmieren oder bald gar keine neuen Vorhaben mehr anzugehen.

Merksatz Nr. 20
Immer – alles – nix:
der typische Versagermix!

Sollte Ihr innerer Schweinehund tatsächlich solche *Versagerlieder* singen, dann schnauzen Sie ihn einfach an: »Halt den Mund! So ein Blödsinn!« Ja, derlei Schlechtmacherei *ist* Blödsinn (auch wenn es sich um ein häufig vorkommendes Muster *innerer Selbstdemontage* handelt).

Um sich so schnell wie möglich der Abwegigkeit solcher Gedankengänge bewusst zu werden, nehmen Sie bitte *umgehend* Papier und Stift zur Hand. Die folgende kleine Übung kostet Sie nicht mehr als fünf bis zehn Minuten. Notieren Sie, was Ihnen in den letzten zwölf Monaten alles gelungen ist, egal ob beruflich oder privat. Und bitte ohne Einschränkungen nach dem Motto: »Das kann doch jeder!« oder »Das zählt doch nicht, weil …«. Es geht jetzt nur um Gelungenes, Positives, Erfolge, nicht um deren Relativierung – denn das wäre ja schon wieder ein Mechanismus der Selbstsabotage.

Wie viele Erfolge auch immer nach fünf Minuten auf Ihrer Liste stehen: Sie widerlegen jedenfalls eindeutig, dass Ihnen *nichts* gelingt oder *alles* schief geht! Und wenn Ihr kleiner Schweinehund Sie immer noch nicht in Ruhe lassen will mit seinen Versagerhymnen, dann halten Sie ihm das Blatt unter die Nase und jagen ihn für eine Weile vor die Tür. (Wie Sie später am besten mit ihm umgehen, wenn er durch die Hintertür wiederkommt, erfahren Sie in Teil III des Buches).

Der Schweinehund als Saboteur – Tricks und Taktiken auf einen Blick	
I. Er verhindert schon im Vorfeld die Entscheidung durch …	
1. Unmöglichkeitstaktik	»Ich kann nicht!« »Das kann keiner!« »Das hat keinen Sinn!«
2. Tarnkappenspiele	Pflichterfüllung Falsche Rücksichtnahme Deckmantel der Moral
3. Unverbindlichkeit	Die Wörter »müsste«, »sollte«, »könnte«, »dürfte« Das Wörtchen »man«
4. Verzögerungstaktik	»Ich kann noch nicht …« »Ich muss erst noch …«
5. Verharmlosung	»Ist nicht so wild!« »Macht doch nichts!« »Andere tun's doch auch (nicht)!«
6. Nicht-zuständig-Sein	»Warum gerade ich?« »Ich bin nicht verantwortlich!« »Andere können das besser!«
7. Traditionsfloskeln	»Das war schon immer so!« »Das habe ich noch nie so gemacht!«
8. Sicherheitsdenken	»Bloß nichts riskieren!« »Besser den Spatz in der Hand!«
9. Bequem ist bequem	»Besser sitzen als schwitzen!«

Der Schweinehund als Saboteur – Tricks und Taktiken auf einen Blick (Fortsetzung)	
II. Er bringt den Wurm in die Entscheidung durch ...	
1. Bloßes Versuchenwollen	»Ich werde versuchen zu ...« »Mal sehen, ob ich das schaffe ...«
2. Nebeltaktik	Ungenaue Formulierungen Komparative wie »mehr«, »häufiger«, »gesünder« usw. Die Wörter »mal«, »bald«, »irgendwann«
3. Freigeist	Ohne Plan, ohne Termine
4. Herkulesvorhaben	Sich zu viel vornehmen (»Jetzt aber ...!«)
III. Er sabotiert die Ausführung unserer Vorhaben durch ...	
1. Ablenkungsmanöver	Noch nicht in Stimmung sein Nur noch kurz xy tun Erst einmal aufräumen Sich etwas gönnen Spontanhandlungen
2. Ausnahmefallen	Der »besondere« Anlass Das Motto »Einmal ist keinmal«
3. Abbruchstaktik	»Viel zu anstrengend!« »Bringt nichts!« »Man lebt nur einmal ...«
4. Der verhängnisvolle Blick auf andere	»Die/der tut's ja auch (nicht)!« Gemeinsam nichts tun/»sündigen«
IV. Und hinterher lässt er uns ...	
1. Opferlieder singen	Sündenböcke finden »Ich kann ja nichts dafür!« Absolution suchen
2. Destruktive Versagerlieder singen	»Ich schaff sowieso nichts!« »Alles hat keinen Sinn ...«

Die Checkliste auf der folgenden Doppelseite soll Ihnen Gelegenheit geben, sich der *häufigsten* Sprüche und Taktiken bewusst zu werden, mit denen Ihr innerer Schweinehund Sie immer wieder austrickst.

Die beliebtesten Sprüche und Taktiken Ihres Schweinehundes

Sie können für jeden Spruch bzw. jede Taktik 0 (= Gibt's bei mir nicht!) bis 6 Punkte (= Kenn ich nur zu gut!) verteilen. Markieren Sie anschließend die zehn häufigsten Tricks Ihres Schweinehundes, um sie separat notieren zu können.

Spruch/Taktik	Schweinehund-Aktivität *gering*					*stark*
I. Im Vorfeld der Entscheidung	**1**	**2**	**3**	**4**	**5**	**6**
»Ich kann nicht!«						
»Ich schaff das nicht!«						
»Das geht doch gar nicht!«						
»Das kann doch kein Mensch!«						
»Das ist viel zu schwierig!«						
»Das lohnt sich nicht!«						
»Das hat doch sowieso keinen Sinn!«						
Vermeintliche Pflichterfüllung						
Falsche Rücksichtnahme						
»Das tut man nicht!« (Moral)						
»Ich müsste, sollte, könnte …«						
»Eigentlich dürfte ich nicht so viel …«						
»Man sollte, man müsste …«						
»Ich kann noch nicht, ich müsste erst noch …«						
»Das macht doch nichts!«						
»Das ist doch nicht so wichtig!«						
»Andere tun's ja auch (nicht)!«						
»Das ist nicht unsere Aufgabe!«						
»Dafür bin ich nicht verantwortlich!«						
»Was geht mich das an!?«						
»Das können andere besser!«						
»Das war schon immer so!«						
»Das hab ich nie (so) gemacht!«						
»Wo kämen wir hin, wenn …!?«						
»Lieber nichts riskieren!«						
»Was, wenn es schief geht?«						
»Besser den Spatz in der Hand …«						
»Lieber sitzen als schwitzen!«						
II. In der Entscheidung	**1**	**2**	**3**	**4**	**5**	**6**
»Ich will/werde versuchen …«						
»Ich will gesünder leben.«						

Die beliebtesten Sprüche und ... (Fortsetzung)						
Spruch/Taktik	Schweinehund-Aktivität *gering*					*stark*
	1	2	3	4	5	6
»... weniger arbeiten.«						
»... häufiger Sport treiben.«						
»... sparsamer leben.«						
»... mehr Geld verdienen.«						
»...bald mal ...«						
»Irgendwann muss ich mal ...«						
Keine Pläne						
Keine Termine						
»Jetzt pack ich's aber an!«						
»Jetzt räum ich mal richtig auf!«						
»Jetzt zeig ich's ihnen aber!«						
»Jetzt will ich's aber wissen!«						
Zu viel auf einmal vorgenommen						
III. Sabotage der Ausführung	**1**	**2**	**3**	**4**	**5**	**6**
»Ich bin einfach (noch) nicht in Stimmung!«						
Erst etwas aufräumen						
»Nur noch kurz ...«						
Erst mal ausruhen						
Mal eben telefonieren/Post sichten/einkaufen						
»Das hat noch genug Zeit!«						
Oder sonstige Ablenkung						
»Einmal ist keinmal!«						
»Nur heute ausnahmsweise!«						
»Bei dem besonderen Anlass...!«						
»Das kostet doch viel zu viel Kraft!«						
»Das bringt doch nichts!«						
»Man lebt doch nur einmal!«						
»Lass es doch sein!«						
»Die/Der macht ja auch Pause!«						
»Die/Der hat das auch noch nicht gemacht!«						
»Die/Der unterbricht ja auch die Diät!«						
»Es ist nicht meine Schuld ...«						
»Ich kann nichts dafür ...«						
»Ich schaffe sowieso nichts!«						
»Es hat sowieso alles keinen Sinn!«						

Sehr hilfreich ist es, sich im Anschluss ans Ausfüllen die wichtigsten Taktiken nochmals auf einem extra Blatt Papier zu notieren (sozusagen die »Top 10«, also die Tricks, denen Sie Ihrer Meinung nach am häufigsten auf den Leim gehen). Wenn Sie sich diese Taktiken einmal so richtig bewusst gemacht haben, wird Ihnen wahrscheinlich in Zukunft viel leichter und häufiger auffallen, wenn Sie sich gerade wieder mal etwas vormachen. Oder anders gesagt: wenn Ihr Schweinehund Sie gerade mal wieder in das »Loch im Gehsteig« (Sogyal Rinpoche) schubsen will. Je schneller Sie das Vorhaben Ihres kleinen Feindes bemerken, desto größer ist die Chance, umzuschalten und Ihr Verhalten zu ändern – also eine »andere Straße zu gehen«.

Solch eine persönliche »Hitliste« der Tricks und Taktiken leistet eine wertvolle Hilfe: Einige Seminarteilnehmer konnten berichten, es habe ihnen geholfen, ihre »Top 10«-Liste immer dabeizuhaben, um bei jedem weiteren Sabotageversuch ihres Schweinehundes sofort zu reflektieren: »Na, mit welchem Spruch oder Trick wollen wir's denn heute wieder mal probieren?« Und einmal ertappt, habe der Schweinehund häufig das Feld geräumt. Manche Seminarteilnehmer trugen ihre Hitliste eine Zeit lang in der Hosentasche bei sich, andere hatten sie auf eine Seite in ihrem Zeitplanbuch geschrieben, und die Technikfreaks, wie sollte es auch anders sein, hatten sie in ihren PC-Organizer eingegeben. Ein Freund von mir hatte sich gar ein Poster fürs »stille Örtchen« gebastelt, und zwar aus seinen »Top 10« und einem – zuvor eingescannten – Bild des schelmisch grinsenden Schweinehundes. Sie sehen, auf dem Weg zur Bewusstwerdung sind der Fantasie keine Grenzen gesetzt. Und das könnte sogar Ihrem kleinen Begleiter Spaß machen, denn an Humor mangelt es den Schweinehunden nicht!

An dieser Stelle könnte eine kleine Pause empfehlenswert sein. Denn bevor Sie sich Teil III des Buches zuwenden, wäre es hilfreich, wenn Sie sich nochmals fünf Minuten Zeit nehmen, um sich darüber klarzuwerden, welche Ihre *persönlichen Ziele* im Umgang mit Ihrem Schweinehund für die nächste Zeit sind. In welchen Be-

reichen Ihres Lebens wollen Sie ihm entgegentreten, ihn zähmen oder auch nur auf die Schliche kommen? Welchen seiner Tricks und Taktiken wollen Sie in Zukunft nicht mehr auf den Leim gehen? Wie so etwas aussehen kann, zeigt das folgende Muster.

Mein Wunsch ist es, mit meinem Schweinehund so klarzukommen, dass ich innerhalb …

der nächsten zwei Monate:

❶ ______________________________

❷ ______________________________

❸ ______________________________

des nächsten Jahres:

❶ ______________________________

❷ ______________________________

❸ ______________________________

Jetzt ist es an der Zeit, sich Ihrem persönlichen Feind noch ein wenig mehr anzunähern, Ihren kleinen Begleiter immer besser kennen zu lernen und herauszufinden, wie Sie souveräner mit ihm umgehen und klarkommen können. Hilfen dazu und Tipps, wie Sie Ihren Schweinehund sogar zähmen beziehungsweise vom ärgsten Feind zum besten Freund machen können, finden Sie im jetzt folgenden Teil III.

Teil III

Strategien im Umgang mit dem Schweinehund

Jetzt geht's zur Sache, nämlich um die Frage, wie Sie am sinnvollsten mit diesem eigenartigen Lebensgefährten zurechtkommen, der Ihnen so häufig zu schaffen macht.

Vorab gilt es allerdings, bestimmte *Gesetzmäßigkeiten* im »Zusammenleben« mit dem Schweinehund zu erkennen und anzunehmen, zumindest wenn man sich viel vergebliche Mühe und anstrengende Umwege ersparen will. Hier die vier Grundregeln im Umgang mit dem kleinen Saboteur:

1. Wir können vor dem Schweinehund nicht weglaufen... Diese Spezies ist extrem anhänglich und ihrem jeweiligen Herrchen oder Frauchen immer ergeben und treu. Schweinehunde folgen Ihnen stets auf dem Fuße und lassen sich nicht abschütteln. Sie mögen noch so schnell laufen oder in die entferntesten Regionen dieses Planeten fliegen – Ihr Schweinehund wird Sie als blinder Passagier begleiten. Schon so mancher Reisender dachte, er habe es geschafft und sei endlich alleine unterwegs. Doch schon als er sich nicht traute, der hübschen Stewardess ein Kompliment zu machen, merkte er: Sein kleiner Begleiter war mit an Bord!

... und auch vertreiben lässt er sich nicht! Schweinehunde kommen immer zurück. Mögen sie auch noch so unsanft aus dem Hause gejagt worden sein, nach kurzer Zeit sind sie wieder da, und sei es durch die Hintertür. Verschmitzt lächelnd wird Ihr kleiner Schweinehund durch den Türspalt grinsen, während Sie vielleicht schon feiern, endlich Ihr Leben alleine zu regieren. Irrtum! Und versuchen Sie es bitte auch gar nicht erst mit irgendwelchen Sicherheitsvorkehrungen. Ein Schweinehund kennt alle Tricks, sich wieder einzuschleichen. Noch dazu ist er ein Meister der Verkleidung und des Sich-unsichtbar-Machens. Es kann also vorkommen, dass er schon wieder eine ganze Weile an Ihrer Seite ist, bis Sie es bemerken.

2. Wir können den Schweinehund nicht auf Dauer einsperren. Viele Menschen versuchen, ihren inneren Schweinehund in den tiefsten Verließen ihrer Persönlichkeit hinter Schloss und Riegel zu bringen, indem sie ihr Leben »in den festen Griff eiserner Disziplin pressen«. Doch damit ist der kleine Feind keineswegs besiegt – im Gegenteil: Er ist nur ins »Schattenreich der Persönlichkeit« verbannt und wird dort (unsichtbar und somit umso gefährlicher) wie jeder Gefangene alles daransetzen, auszubrechen und gegebenenfalls sogar Rache zu üben – je nachdem, wie unbarmherzig und hart die Haft im inneren Kerker für ihn war. Und eines weiß er: Auf Dauer ist strengste Disziplin nicht durchzuhalten. Wer seinen Schweinehund also einsperrt, muss notgedrungen immer wieder mal »die Sau rauslassen« …

3. Wir dürfen dem Schweinehund nicht die Herrschaft überlassen. In einem Staat, der jedem Widerstand nachgibt, entsteht Anarchie. Übertragen auf uns heißt das: Wenn wir willenlos unserem inneren Schweinehund folgen, werden wir früher oder später gar nichts mehr »auf die Reihe« bekommen, sondern stattdessen »vor die (Schweine-)Hunde gehen«! Das ist also mit Sicherheit nicht die Lösung, so einfach sie auch erscheinen mag. Sie müssen ihm also Paroli bieten – wie, das lernen Sie gleich.

4. Wir müssen lernen, mit unserem Schweinehund zu leben – ihn zu zähmen. Das bedeutet zunächst, den kleinen Saboteur als sogar notwendigen Lebensbegleiter zu akzeptieren, den Wunsch zu entwickeln, uns intensiv und ehrlich mit ihm auseinander zu setzen, um dabei klar zu erkennen, bei welchen Gelegenheiten und mit welchen Tricks er uns ins Handwerk pfuscht. Gleichzeitig geht es natürlich darum, Strategien und Mittel zu finden, die uns ermöglichen, trotzdem (ja sogar Hand in Hand mit unserem kleinen Begleiter) unsere Ziele und Vorhaben zu verwirklichen. Auf diese Weise kann er sogar vom ärgsten Feind zum besten Freund werden.

Auch wenn Sie verreisen: Ihr Schweinehund kommt immer mit!

HOTEL
"FÜHRER"

5. Den Schweinehund akzeptieren

Hartmut Stahl war ein richtiger Kämpfer, knallhart und diszipliniert. Sein Leben hatte er scheinbar voll im Griff. Schon von Kindesbeinen an hatte ihm sein Vater beigebracht, den »größten Feind« im Leben eines Menschen, den inneren Schweinehund, zu bekämpfen und immer wieder zu besiegen. Wie sein Vater war Hartmut gnadenlos mit sich und anderen und kannte kein Pardon, wenn es um Schwäche, Nachsicht oder sonstige »Waschlappen-Mentalität« ging. Beruflich hatte er es mit eiserner Härte und der nach seiner Ansicht notwendigen Skrupellosigkeit weit gebracht, doch hatte er nie die Zeit, seine Erfolge zu genießen, denn schon »pushte« er sich zum nächsten Ziel und war somit ständig unter Druck. Wiederholte Grippeattacken merzte er schon zu Beginn mit Antibiotika aus, Rückenbeschwerden und wiederkehrenden Magendruck ignorierte er nach dem Motto: »Ein Indianer kennt keinen Schmerz«, genauso wie seine ständige Kurzatmigkeit und das immer häufiger auftretende Stechen in der Brust. Bloß nicht nachlassen! Keine Krankheit und kein Schweinehund sollten ihn unterkriegen!

Drei Tage nach seinem 42. Geburtstag riss ihn ein Herzinfarkt in seinem Büro tot zu Boden. Mit ihm wurde sein kleiner Schweinehund begraben. Dessen Tagebuch wurde anschlie-

> ßend auszugsweise im lokalen »Schweinehunde-Kurier« veröffentlicht. Dort konnte man nachlesen, dass es Hartmuts Schweinehund wahrlich nicht leicht gehabt hatte. Mit allen Tricks hatte er sich bemüht, sein Herrchen zu etwas mehr Menschlichkeit sich und anderen gegenüber zu verleiten, bisweilen mal zu faulenzen, einfach das Leben zu genießen und auch Schwächen zuzulassen. Doch vergeblich! Der Schweinehund hatte Hartmut nämlich gemocht und an ihm gehangen, doch gegen dessen Härte hatte er keine Chance. Schließlich hatte er vor der Übermacht der selbstdestruktiven Kräfte seines Herren resigniert und verfügt, dass wenigstens seine Aufzeichnungen »post mortem« veröffentlicht werden sollten. Vielleicht konnten sie dem kleinen Schweinehund von Hartmuts fünfjährigem Sohn Manuel helfen, dafür zu sorgen, dass wenigstens dieser etwas gnädiger mit seinem Leben umzugehen lernte.

Die Einstellung von Hartmut ist leider weit verbreitet. Viele Menschen, insbesondere Männer, sehen im inneren Schweinehund nur einen Feind, den es zu überwinden gilt, zu besiegen oder gar zu töten. Martialische Begriffe wie »Kampf«, »Sieg oder Niederlage«, »töten und vernichten«, »Härte und Strenge«, »Überwindung und Unterwerfung« prägen das Vokabular, wenn die Rede vom inneren Schweinehund ist. Und das ist auch gar nicht so verwunderlich, wenn man berücksichtigt, dass der Begriff des inneren Schweinehundes vor allem im deutschen Militärwesen verwendet wurde. So kann man in einer 1954 veröffentlichten Monografie von Meint Harms über den inneren Schweinehund lesen:

»Wenn ein Soldat zum Sturm antreten sollte und aus Angst um sein Leben in Deckung liegen blieb, oder wenn er sonst schlappmachen wollte, oder wenn er einen Fehler begangen hatte und die Versuchung fühlte, ... den Fehler zu vertuschen, wenn also die natürliche Angst der Kreatur ihn veranlassen wollte, etwas nicht zu tun, was er tun sollte, oder auch etwas zu tun, was er nicht tun sollte, so nannte man diese Angst in der bildkräftigen Sprache der deutschen Wehrmacht den ›Inneren Schweinehund‹. Ein wesentlicher Teil der militärischen Erziehung war darauf gerichtet, die Überwindung des ›Inneren Schweinehundes‹ zu lehren – mit immerhin bemerkenswertem Erfolg!«

Bemerkenswert wohl, doch sicher nicht bewundernswert, wenn man bedenkt, dass diese Haltung dazu beigetragen hat, Europa in Schutt und Asche zu legen und Millionen tapferer »Schweinehund-Überwinder« das Leben gekostet hat.

Diese Kampfeinstellung folgt letztlich aus einem *Schwarzweiß-Denken*, das nicht nur die Außenwelt in »gut und böse« einteilt, sondern auch die Innenwelt der eigenen Persönlichkeit. Nach diesem Raster erscheinen allein Disziplin, Härte, Leistung und Überwindung als gut und Nachgeben, Bummeln, Faulenzen und Schwäche generell als schlecht. – Natürlich lässt sich auf diese Weise gegen den inneren Schweinehund vorgehen und nicht immer muss dies zu solch extremen Erscheinungen führen, wie in der Geschichte von Hartmut Stahl. Doch es ist auf jeden Fall eine sehr anstrengende Methode und außerdem, auch wenn die meisten sich dessen nicht bewusst sind, ein *Kampf gegen uns selbst*, zumindest gegen einen Teil in uns. Und die Erfahrung und Erkenntnis, zu der die meisten Menschen gelangen, lautet paradoxerweise:

Je mehr man den inneren Schweinehund bekämpft,
umso häufiger wird man es mit ihm zu tun haben.

Oder, wie es kürzlich ein Seminarteilnehmer treffend ausdrückte:

Je größer der Druck,
desto bissiger der Schweinehund.

Je mehr wir uns also unter Druck setzen, je weniger wir uns erlauben, zu entspannen und das Leben zu genießen, desto stärker wütet der innere Schweinehund.

Gibt es hierzulande so viel Mühe im Kampf gegen den inneren Schweinehund, weil wir im deutschsprachigen Raum wie sonst kaum auf der Welt dazu neigen, uns ständig unter Druck zu setzen? Im angloamerikanischen Raum ist ein »pig-dog« oder ein vergleichbares Wesen ebenso unbekannt wie beispielsweise in Frankreich, Griechenland, Italien oder Spanien. Nicht umsonst ist gerade in den letztgenannten Ländern viel mehr von der Gelassenheit und dem »Savoir vivre« zu spüren, die in unserer perfektionistischen Leistungsgesellschaft oft zu kurz kommen.

Zu einer Erkenntnis ist bisher jeder gelangt: Für immer völlig besiegen lässt sich der Schweinehund sowieso nicht (es sei denn, man nimmt ihn, wie Hartmut, mit ins Grab ...). Da er im Konfliktfall seinen Gefechtsstand im Bauch errichtet und sich mit den Gefühlen verbündet, sitzt er auf Dauer bei den meisten Menschen sowieso am längeren Hebel! Doch es gibt auch einen ganz anderen Weg, mit diesem uns scheinbar angeborenen Begleiter umzugehen.

Nach der heute überwiegenden Ansicht der Psychologie geht es nicht darum, etwas in uns zu bekämpfen, zu unterdrücken, zu »verteufeln« oder gar abzutöten, sondern vielmehr darum, es wahrzunehmen und zu *integrieren*. Denn:

Solange wir einen Teil von uns bekämpfen, bekämpfen wir uns selber. Erst wenn wir es schaffen, diesen Teil anzunehmen und zu integrieren, kommen wir weiter!

Der innere Schweinehund ist nun mal ein *Teil unserer Persönlichkeitsstruktur*, und es bleibt uns gar nichts anderes übrig, als dies zur Kenntnis zu nehmen und zu akzeptieren – ob uns das nun passt oder nicht. Ebenso wie so manche andere Seite von uns, die uns vielleicht nicht gefällt und unter der wir leiden. *Wachstum und Entwicklung der Persönlichkeit* sind grundsätzlich nur infolge von *Selbstannahme* möglich – nicht aber durch Bekämpfen eines Persönlichkeitsanteiles. »Annehmen« bedeutet daher auch nicht, dass ich mich gänzlich mit diesem Teilaspekt von mir identifiziere beziehungsweise mich auf diesen reduziere! Das heißt:

Ich *habe* wohl einen inneren Schweinehund,
aber ich bin nicht mit diesem *identisch*.

Nehmen wir einmal an, unsere *Persönlichkeit* bestehe aus *verschiedenen Anteilen*, die wir je nach ihrer Funktion unterschiedlich benennen. So finden wir einerseits den *Planer* in uns, die *Disziplinierte*, den *Strategen*, die *Kämpferin*, aber auch den *Genießer* in uns, die *Sinnliche*, den *Kreativen*, die *Traurige*, den *Fröhlichen* und viele weitere. Und neben all diesen und möglichen anderen Facetten unserer Persönlichkeit begegnet uns hin und wieder eben auch ein Teil, der uns zu schaffen macht und unsere Vorhaben zu sabotieren scheint: der innere Schweinehund.

Je länger und intensiver man sich nun mit diesem äußerst kuriosen Persönlichkeitsaspekt auseinander setzt, desto unausweichlicher wird die Erkenntnis, dass es sich hierbei sogar um einen *notwendigen* Teil unserer Persönlichkeitsstruktur handelt. Einer, der sogar eine sehr *sinnvolle* Funktion in unserem Leben erfüllen soll. »Böse« wird der Schweinehund ja nur, wenn man ihn nicht würdigt und ihm keinen Spielraum lässt – oder wenn wir ihn (und damit uns) zu sehr unter Druck setzen.

Doch wie sieht denn nun sein »wahrer Charakter« aus? Vielfältige Charakterstudien an unzähligen Schweinehunden lassen etwa folgendes, hoch interessantes Profil mit unterschiedlichen, zum Teil widersprüchlichen (ambivalenten) Aspekten erkennen:

Schweinehunde gibt es auf der ganzen Welt

- Dem ersten Anschein nach *sabotiert* unser kleiner Feind *unsere Vorhaben*, trickst uns aus, verhindert unsere Vorsätze und agiert als störender Widersacher und Bremser im Leben.

- In vielen Fällen will der Schweinehund uns jedoch nur *vor Überforderung, Überarbeitung und Überanstrengung bewahren* und verhindern, dass wir durch unsinnige Auswüchse heutiger Leistungsmentalität unsere eigenen Grenzen auf uns selbst schädigende Weise überschreiten.

- Im Grunde genommen *will unser Begleiter nur unser Bestes*. Insbesondere möchte er dafür sorgen, dass es uns sofort, just in diesem Augenblick und so schnell wie möglich (wieder) gut geht; er trachtet also danach, unsere Grundbedürfnisse auf die einfachste und naheliegendste Weise zu befriedigen. Er lebt dabei im Hier und Jetzt, hat *keine Vorstellung vom Phänomen »Zukunft«*. Auch *abstrakten Ideen und Plänen* ist er *nicht zugänglich*.

- Im Übrigen ist der Schweinehund *wie ein kleines Kind*. Er will es möglichst gemütlich haben, spielen, verrückte Dinge tun, auch mal chaotisch sein, naschen, kuscheln, ausruhen, faulenzen und so manches, was kleine Kinder eben sonst noch so mögen. Wie ein Kind ist er schelmisch, verspielt, versucht uns auszutricksen, ist manchmal widerspenstig und selten folgsam. Doch dies in erster Linie nicht, um uns zu schaden, sondern nur, weil er in der Gegenwart seinen und unseren Spaß haben und Wohlbefinden verbreiten will und sich folglich allem widersetzt, was dem entgegenzuwirken scheint.

Dieses Charakterprofil beschert uns völlig *neue Aspekte*, wie wir *mit unserem inneren Schweinehund* umgehen können. Allerdings nur, wenn wir ihm wachsam und bewusst begegnen:

1. Wir können *auf ihn achten*, wenn er uns auf *sinnvolle Grenzen* in unserem Leben hinweisen will (insbesondere, wenn wir wieder mal im Begriff sind, uns zu überfordern). Wie Tom DeMarco in seinem Buch *Spielräume. Projektmanagement jenseits von Burn-out, Stress und Effizienzwahn*, so postuliert auch unser Schweinehund in vielen Fällen ein sinnvolles »Recht auf Schlaffheit«. Dies bedeutet natürlich zu lernen, *auf uns selber zu achten.*
2. Wir können *von ihm lernen*, ab und zu *wieder einmal Kind zu sein*, also in der Gegenwart zu leben, für unser momentanes Wohlbefinden zu sorgen, es uns einfach gut gehen zu lassen, zu entspannen, zu faulenzen, zu genießen, zu schwelgen, unseren inneren Schelm und Schalk rauszulassen, spontan zu sein, mal wieder etwas Verrücktes zu tun, zu weinen oder zu lachen und unser sonstiges kindliches Potenzial neu zu entdecken. – So manches, was dem Soldaten an der Front hinderlich war, hätten wir in unserem heutigen Alltag wieder dringend nötig!
3. *Trotzdem* gilt es dem inneren Schweinehund *Grenzen zu setzen*, um unsere sinnvollen Ziele zu verwirklichen, ohne uns von ihm dabei sabotieren zu lassen. Wie bei einem kleinen Kind dürfen wir ihm keine uneingeschränkte Freiheit lassen. Auch er muss lernen, dass es immer wieder darum geht, sich erneut aufzuraffen, sich zu überwinden und auf dem Weg zu einem Ziel durchzuhalten.

Lassen Sie Ihrem Schweinehund eine gewisse Nische, wo er leben darf! Nehmen Sie ihn an die Hand, reden Sie mit ihm und lernen Sie andererseits auch, ihm zuzuhören! Gegebenenfalls verhandeln Sie mit ihm – aber hören Sie auf, ihn ständig zu bekämpfen! Je mehr Sie *ihn* annehmen, desto weniger wird auch er *Ihre* Vorhaben bekämpfen. Und sollten Sie dennoch überzeugt sein, es gehe nicht ohne inneren Kampf, dann betrachten Sie es wenigstens als spielerischen Wettkampf. Und noch ein Tipp:

Lassen Sie Ihren Schweinehund ruhig ab und zu gewinnen, dann wird auch er Sie gewinnen lassen.

Auf diese Weise können Sie *aus einem vermeintlichen Gegner einen Verbündeten machen*. Mit der Zeit werden Sie immer schneller erkennen, wann es darum geht, auf den Schweinehund zu hören wie auf einen guten Ratgeber (sozusagen als Botschafter der »weisen inneren Stimme«), und wann es besser ist, ihm Grenzen zu setzen und seinen Widerstand zu überwinden. Versuchen Sie, eine *gesunde Balance zwischen sinnvollen »Schweinehunde-Zeiten« und Aktionszeiten* zu wahren!

Fragen Sie Ihren Schweinehund doch mal, *welchen Zweck* er in Ihrem Leben *für Sie* verfolgt, was er für Sie erreichen will! Der kleine Begleiter verfolgt (auch, wenn er uns zu hindern scheint) fast immer eine positive Absicht, er agiert sozusagen in unserem Wohle. Welche Absicht er genau hat, das ist jedoch von Mensch zu Mensch und oft auch von Situation zu Situation verschieden. Je vertrauter Sie mit ihm werden, umso eher werden Sie es herausfinden und umso leichter wird es Ihnen fallen, Ihren inneren Widersacher anzunehmen!

Am besten, Sie unterbrechen jetzt kurz die Lektüre, nehmen Papier und Stift zur Hand und beantworten die folgenden vier Fragen:

1. Wie würde *Ihr* Leben aussehen, wenn Sie *keinen* inneren Schweinehund hätten? Welche positiven und negativen Folgen hätte das wohl für Sie?
2. Wenn Ihr innerer Schweinehund – den Sie vielleicht bisher nur als Widersacher erlebt haben – in Ihrem Leben einen *positiven Zweck* verfolgen würde, welcher könnte das sein? (Natürlich können es auch mehrere Zwecke sein!)

3. In welchen Bereichen Ihres Lebens neigen Sie dazu, sich immer wieder zu überfordern, sich zu viel vorzunehmen?
4. Was könnten Sie von Ihrem inneren Schweinehund vielleicht wieder neu lernen?

Die inzwischen gewonnenen Erkenntnisse werden Ihnen helfen, das Phänomen des inneren Schweinehundes in einem anderen Licht zu sehen und auch Ihren eigenen leichter zu akzeptieren. Werden Sie mit ihm vertraut, zähmen Sie ihn, dann wird er Sie immer seltener sabotieren. Vielmehr wird er Sie möglicherweise sogar schwanzwedelnd beim Laufen begleiten oder Ihnen beim Aufräumen helfen! Lassen Sie sich überraschen!

Hartmut Stahls Sohn Manuel soll übrigens – anders als sein Vater – gelernt haben, sich mit seinem Schweinehund zu beschäftigen. Er soll es geschafft haben, den ursprünglichen Feind zum Verbündeten zu machen. Tatsächlich lässt er ihn bei der Arbeit in Ruhe, weil er weiß, dass Manuel ausreichend auf Pausen und Freizeit achtet. Wenn er dann doch mal im Begriff ist, sich zu überarbeiten, braucht sein Verbündeter ihn nur anzustupsen und etwas zu grunzen, und Manuel weiß, dass er dann einen Gang zurückschalten muss. Nimmt er sich etwas Neues vor, wie zum Beispiel früher aufzustehen, dann kommt es schon mal zu einem Tauziehen der Kräfte, doch das macht beiden Spaß. Und wenn Manuel etwas vorhat, vor dem sein kleiner Begleiter lieber ausweichen will, dann reicht er ihm die Hand und sie tun den Schritt gemeinsam. So jedenfalls stand es in der letzten Ausgabe des Schweinehunde-Kuriers!

Ob so etwas tatsächlich möglich ist, können Sie nur selber ausprobieren! Wie Sie im Übrigen Ihre Vorhaben »sabotagesicher« angehen, erfahren Sie in den folgenden Abschnitten.

6.
Die Macht der Sprache

Ehrlichkeit uns selbst gegenüber und eine *optimistische Grundeinstellung* bilden die Basis *eigenverantwortlichen Handelns* und *erfolgreicher Zielerreichung*. Hierbei hilft es uns zum einen, wenn wir lernen, bestimmte Formulierungen der Schweinehunde-Sprache unmittelbar in ihre *eigentliche* Bedeutung zu übersetzen, sie sozusagen zu *decodieren*. Dadurch zerstören wir die Illusion, mit deren Hilfe wir uns immer wieder etwas in die Tasche lügen. Zum anderen können wir durch *positive Umformulierungen* (sozusagen durch einen Etikettenwechsel) zu einer neuen, lösungs- und erfolgsorientierten Sichtweise der Dinge gelangen, die uns stärker zum Handeln motiviert.

Ehrlichkeit durch richtiges Übersetzen

Unser innerer Schweinehund versucht immer wieder, uns mit *speziellen Formulierungen* auszutricksen (wie Sie in Teil II lesen konnten), uns schon im Vorfeld an einem klaren, eindeutigen Entschluss zu hindern oder uns später quasi die Sicht auf unsere eigene Verantwortung zu vernebeln. Den größten Erfolg erzielt er dabei mit der *Sprache der Unmöglichkeit*. Es mag ja durchaus so sein, dass eine bestimmte Entscheidung für uns gar nicht sinnvoll ist und wir sie deshalb eigentlich auch gar nicht treffen wollen. Das werden wir aber *nur* bewusst erkennen, wenn wir den Schweinehunde-Code *unmittelbar*, das heißt in der speziellen Situation, *übersetzen können* – und dabei ehrlich zu uns selbst sind. Hier zur Erinnerung nochmals eine kleine Übersetzungshilfe:

Die Bedeutung der Schweinehunde-Sprache	
Formulierung	**Übersetzung**
»Ich kann nicht!« »Ich schaff das nicht!« »Das geht doch gar nicht!« »Das kann doch kein Mensch!« »Das ist viel zu schwierig!« »Unmöglich!« »Das lohnt sich nicht!« »Das hat ja sowieso keinen Sinn!« usw.	»Ich will das gar nicht!« oder »Ich trau mich nicht!«
»Ich habe keine Zeit.«	»Ich will lieber etwas anderes tun.«
»Ich bin nicht motiviert.«	»Ich habe keine Lust.«
»Ich hab's versucht!«	»Ich wollte nicht wirklich!« oder »Es war mir nicht wichtig genug!«

Je schneller Sie lernen zu dechiffrieren, je ehrlicher Sie zu sich selber werden, umso leichter wird auch Ihr Schweinehund diese Taktik aufgeben. Wie ein kleines Kind, das merkt, dass eine bestimmte Masche nicht mehr zieht. Vielleicht wird der kleine Saboteur es noch ein paarmal versuchen (»Man kann ja nie wissen ...«), dann wird er sich sagen: »Unmöglich! Das lohnt sich nicht, das kann doch kein Schweinehund!« Und er wird (anfangs möglicherweise etwas schmollend) zu seiner Trickkiste laufen, um eine neue Taktik zu suchen.

Neben der Sprache der Unmöglichkeit gilt es vor allem die weit verbreiteten *»Man«-Formulierungen* zu übersetzen. Die meisten

Menschen (oder ihre Schweinehunde) verstecken sich nämlich gern hinter dem Ausdruck »man«, wenn sie entweder »ich« meinen (zum Beispiel »Man kann doch nicht einfach …« statt »Ich trau mich einfach nicht …«) oder wenn sie etwas selber nicht tun wollen (so bedeutet der Satz »Man sollte hier mal aufräumen!« eigentlich »Irgendjemand sollte hier wohl aufräumen, aber bitte nicht ich!«). *Man* könnte hierzu noch allerhand anfügen. *Ich* habe dafür allerdings leider *keine Zeit!*

Neue Einstellung gewinnen durch »Etikettenwechsel«

Die *Qualität* der Worte, mit der wir unsere Vorhaben »etikettieren«, ist für den Grad unserer Motivation zu handeln von großer Bedeutung.

Die »Weltsicht der Möglichkeiten«

> Eine ältere Dame, mit der ich kürzlich telefonierte, sagte am Ende des Gesprächs, sie *müsse* jetzt in ihren Garten gehen, dazu sei sie heute noch gar nicht richtig gekommen. Auf meine erstaunte Nachfrage, wieso sie das denn tun *müsse*, antwortete sie: »Ja, ich *muss* ihn doch ab und zu genießen, wenn ich schon solch einen schönen Garten habe!« – Nun kenne ich die Dame schon sehr lange, und wir pflegen über die meisten Dinge recht offen miteinander zu sprechen. Daher erlaubte ich mir die Frage, ob ihr jemals aufgefallen sei, dass sie für fast all die Dinge, die sie vorhabe, die Formulierung *»ich muss …«* benutze. Gemäß ihrer Ausdrucksweise *musste* sie frühstücken, dann *musste* sie einkaufen gehen, sie *musste* das Mittag-

> essen vorbereiten, *musste* danach die Küche aufräumen, *musste* anschließend Mittagsruhe halten und später *musste* sie mit ihrer Nachbarin Tee trinken ... Ja, sie *musste* sogar ab und zu in ein Konzert gehen, *musste* Essenseinladungen nachkommen und natürlich *musste* sie mehrmals im Jahr verreisen und Urlaub machen! – Nein, das sei ihr noch nie aufgefallen, aber sie verstehe auch nicht ganz, was an dieser Ausdrucksweise denn so bemerkenswert sei, schließlich sei es doch so: »Man *muss* doch ...!«

In der Tat gibt es viele Tätigkeiten und Handlungen, die erforderlich sind und die wir sinnvollerweise auch tun, um menschenwürdig zu leben, unsere Ziele zu erreichen und es uns und anderen gut gehen zu lassen. Die Frage ist nur, ob es sinnvoll ist, all diese Dinge als ein *Muss* darzustellen und zu erleben, ob es nicht vielleicht viel klüger wäre, sie mit *»können«*, *»dürfen«* oder *»wollen«* zu beschreiben! Denn: Vom Ergebnis her ändert sich zwar nichts, aber *psychologisch* macht es einen nicht zu unterschätzenden Unterschied. Die *Formulierung* unserer Vorhaben ist viel wichtiger, als den meisten Menschen bewusst ist. Denn in unseren Worten spiegelt sich nicht nur, wie wir die Welt wahrnehmen und empfinden, vielmehr wirkt unsere Sprache auch auf unser Empfinden ein. Oder ein wenig anders ausgedrückt:

Die Wahl unserer Worte beeinflusst nicht nur unsere Gedanken und unsere Sicht der Dinge, sondern gleichzeitig auch unsere Gefühle.

Der Philosoph Martin Heidegger formulierte es so: »Die Sprache ist das Haus des Seins.«

Menschen, die ihre Vorhaben (sich selbst oder anderen gegenüber) ständig als etwas bezeichnen, das sie tun *müssen*, empfinden ihr Tun eher als Pflicht, als die Erfüllung von Anforderungen anderer. Und ihr Leben scheint ihnen nur wenig eigene Wahlmöglichkeiten zu bieten. Das Gleiche gilt für die weit verbreitete »konjunktivische« Ausdrucksweise, dass man etwas tun *müsste* oder *sollte.* – Sagen Sie stattdessen, was Sie tun *wollen* oder tun *möchten*, weil *Sie* sich dafür entschieden haben. Dieser scheinbar minimale *Etikettenwechsel* eröffnet psychologisch eine Welt der eigenen Wahl, der eigenen Entscheidung und der eigenen Prioritäten. Das ist die *Weltsicht der Möglichkeiten* statt der des Zwangs!

**Wer statt »ich muss« sagt: »ich will«,
verwandelt den inneren Druck
in einen *inneren Drang, etwas zu tun.***

Der innere Schweinehund wird sich viel weniger bemerkbar machen, wenn Sie sich sagen : »Ich will jetzt meine Lohnsteuererklärung machen«, – »Ich möchte meinen Keller aufräumen«, – »Ich will und werde aufhören zu rauchen!«, als wenn Sie all dies meinen tun zu müssen! Übrigens: Schon der Philosoph und Dichter Gotthold Ephraim Lessing ließ 1779 Nathan den Weisen in seinem gleichnamigen Drama sagen: *»Kein Mensch muss müssen!«* Wirklich weise, dieser Nathan! Das sollte – ach nein, Verzeihung! –, das *könnte* einem doch zu denken geben, oder?

**Wechseln Sie also die »Etiketten«
und sagen Sie in Zukunft statt »ich muss«,
»ich müsste«, »ich sollte« lieber: »ich will«,
»ich möchte«, »ich kann«, »ich werde« oder »ich darf«.**

Ja, Sie haben richtig gelesen: »ich darf«! Damit können Sie sogar noch einen Schritt weitergehen. Es gibt eine hervorragende Übung, um eine interessante und neu motivierende *Veränderung der eigenen Perspektive* zu erreichen: Ersetzen Sie »müssen« durch »dürfen«. Wahrscheinlich sind Sie am Anfang ein wenig skeptisch (Ihr

Schweinehund schaut auch gerade etwas verdutzt drein.) Aber fangen Sie doch einfach mal mit all dem, was Sie von morgens bis abends meinen tun zu müssen, an: »Ich *darf* früh aufstehen, *darf* duschen, *darf* frühstücken, *darf* meine Kinder zur Schule bringen, *darf* zur Arbeit fahren ...«

»Halt, halt, jetzt geht's aber zu weit!«, werden Sie oder zumindest Ihr kleiner Schweinehund einwenden. »*Arbeiten dürfen*, das ist wohl ein bisschen übertrieben, ich *muss* doch arbeiten, von wegen *dürfen*!« – Wirklich? Dann stellen Sie sich doch bitte einfach mal vor, Sie hätten keine Arbeit, Sie *dürften* nicht arbeiten! Millionen von Menschen in Europa *dürfen* zurzeit nicht arbeiten, weil sie keinen Job finden (natürlich: Einige wenige wollen auch gar nicht ...). Wie würden Sie sich ein Leben ohne Arbeit vorstellen (völlig unabhängig von den finanziellen Beschränkungen)? Für die meisten Menschen wäre solch ein müßiges Leben, selbst wenn sie genügend Geld hätten, ziemlich unerfüllt und leer. Wenn Sie damit konform gehen: Wie klingt jetzt der Satz »Ich *darf* arbeiten«?

Man könnte jetzt natürlich einwenden, Arbeit habe nicht nur positive, sondern vielerlei negative Aspekte: Stress, Konkurrenzkampf, Schwierigkeiten, Probleme ... Aber stellen Sie sich einmal vor, es gäbe im Berufsleben keine Probleme zu lösen – also keine Herausforderungen für Sie. Wie lange könnten Sie eine solche Arbeit aushalten? Oder anders gefragt: Wie viel Spaß hätten Sie als Tennisspieler auf Dauer mit einem Partner, den Sie jedes Mal 6:0; 6:0; 6:0 vom Platz fegen? Nach Ansicht der meisten erfolgreichen Menschen wäre ein Leben ohne Schwierigkeiten und Herausforderungen äußerst langweilig, und selbst solche, die schon »alles erreicht« haben, suchen sich fast immer neue Herausforderungen – oder sie gehen in Trägheit und Langeweile unter. (Auf die unterschiedliche Auswirkung von Herausforderungen in unserem Leben wird ab Seite 134 noch näher eingegangen.)

Zurück zu unserer kleinen Übung: Notieren Sie sich alles, was

Sie Ihrer Meinung nach in Ihrem Leben tun *müssen*, stellen Sie sich bitte für jede der aufgeschriebenen Angelegenheiten vor, wie Ihr Leben aussehen würde, wenn Sie diese nicht tun *dürften*, weil Sie dazu keine Gelegenheit hätten. Diese kurze Reflexion kann zu einem Doppeleffekt führen: Sie relativiert nicht nur die zwanghafte Last des »Müssen-Müssens«, sondern hat meist auch eine größere Dankbarkeit für die vielen Möglichkeiten in Ihrem Leben zur Folge. Und vergessen Sie dabei bitte nicht: Sie *dürfen* sogar lernen, Ihren Schweinehund zu zähmen …

Obwohl die ältere Dame, von der ich zu Beginn dieses Kapitels erzählte, mich in der Vergangenheit schon ein paarmal gebeten hatte, meine noch so gut gemeinten Ratschläge und Lebensweisheiten lieber für meine Bücher, Seminare und Vorträge zu reservieren, statt sie in ihrem hohen Alter noch belehren zu wollen, so hörte sie doch dieses Mal meinen Ausführungen recht aufmerksam (und scheinbar nicht ohne Erfolg) zu und sagte zum Schluss: »Dann möchte ich bitte, bei aller Freundschaft, nun das Gespräch beenden und in meinen Garten gehen *dürfen*, den ich heute noch ein wenig genießen *will*!« Oh weh, schoss es mir durch den Kopf, in Zukunft *muss* ich wohl etwas zurückhaltender sein! Hämisch grinste mich mein Schweinehund bei diesem Vorsatz an und verspeiste ihn …

Fokus auf Lösungen

Die richtige Fragestellung kann helfen, aus einer als unlösbar etikettierten Situation doch noch einen Ausweg zu finden. Möglichkeiten zeigt Ihnen die Übersicht auf Seite 125.

Ist Ihr Fokus auf *Lösungen* gerichtet, stehen die Chancen, diese auch wirklich zu finden, wesentlich besser! Denn Ihre *Perspektive* verändert sich. Und das haben mittlerweile auch die Schweinehunde erkannt:

Lösungsansätze für unlösbar erscheinende Vorhaben	
Statt zu sagen …,	**fragen Sie lieber …**
»Ich kann das nicht!«	»Wie schaffe ich das wohl am besten?«
»Das klappt nicht!«	»Welche Lösungsalternativen gibt es?«
»Ich sitze fest.«	»Wie könnte ich weitermachen?«
»Das ist ja nicht zu schaffen!«	»Wie sieht der erste Schritt aus?«

Neulich meldete sich ein Schweinehund in der Schweinehunde-Schule und sagte: »Ich sitze fest. Mein Frauchen durchschaut mittlerweile meine Taktiken. Ich weiß nicht weiter!« Gelassen und lächelnd antwortete der Schweinehunde-Oberlehrer: »Also, wie könntest du weitermachen? Welche Lösungsmöglichkeiten gibt es? Wie sieht der nächste Schritt aus?« Mit einem Satz war der Kleine in seiner Trickkiste verschwunden, um seine Kreativität zu entfalten …

Am besten verleihen Sie Problemen und Schwierigkeiten bereits von Anfang an neue Etiketten, die diese zu Vorstufen späterer Erfolge machen. Das ist keineswegs Augenwischerei, sondern wird Ihre Sicht und Handlungsweise positiv beeinflussen.

Negatives positiv umformulieren	
Betrachten Sie …	**in Zukunft als …**
Probleme	Aufgaben und Chancen
Schwierigkeiten	Herausforderungen und Trainingsmöglichkeiten
Fehler	Orientierungshilfen und Lernmöglichkeiten
Misserfolge	Zwischenergebnisse auf dem Weg zum Erfolg

Vermutlich hat auch Ihr Schweinehund nichts gegen diese »Um-Etikettierung« einzuwenden, und vielleicht ist dann die Versuchung für ihn auch nicht mehr so groß, Sie zu sabotieren! – Allerdings wird diese Versuchung noch viel geringer, wenn Sie die richtigen Mittel der *Motivationspsychologie* anwenden.

7. Von der hohen Kunst der Selbstmotivation

Sechzig Kinder, alle im Alter von etwa vier Jahren, waren in einem großen Raum versammelt und jedes blickte begierig auf ein leckeres *Marshmallow*, das vor ihm auf seinem Tischchen lag. Schon lief ihnen das Wasser im Mund zusammen, da hörten sie, wie die Aufsichtsperson laut verkündete: »Wenn Ihr wollt, so könnt Ihr das *Marshmallow* gerne sofort essen – wenn Ihr es allerdings wirklich schafft, damit noch eine Viertelstunde zu warten, dann bekommt Ihr noch zwei weitere *Marshmallows* dazu!« – An der großen Uhr, die für alle sichtbar an der Wand hing, zeigte man ihnen, wann die Viertelstunde vorbei sein würde.

Was sich in den folgenden 15 Minuten abspielte, war äußerst spannend: Etwa ein Drittel der Kinder zögerte nicht lange und verspeiste mit sichtbarem Genuss den Leckerbissen (nach der Devise: »Lieber den Spatz in der Hand als die Taube auf dem Dach«). Damit war für sie der Spaß allerdings auch vorbei. – Ein weiteres Drittel versuchte tatsächlich, die angegebene Zeit abzuwarten, um die versprochene Belohnung zu bekommen (also nach dem Motto: »Lieber morgen die Henne als heute das Ei«), nach einigen Minuten überwältigte sie jedoch die Anziehungskraft des vor ihnen liegenden *Marshmallows*, sodass ein Kind nach dem anderen schwach

> wurde, zugriff und die süße Masse verschlang – wenn auch mit etwas gemischten Gefühlen. – Das letzte Drittel der Kinder dagegen hielt durch. Manche schauten weg, andere hielten sich Augen und Nase zu oder versuchten, sich in irgendeiner Weise abzulenken. Jedenfalls schafften sie es – und bekamen freudestrahlend die beiden weiteren versprochenen *Marshmallows*!

Soweit der erste Teil des so genannten *Marshmallow*-Tests, den der Harvard-Psychologe Daniel Goleman in seinem Bestseller *Emotionale Intelligenz* schildert. Doch wirklich interessante Ergebnisse zeitigte erst der zweite Teil des Tests: Die weitere Entwicklung der 60 Kinder wurde über 30 Jahre hinweg verfolgt, insbesondere interessierte die Frage, wie erfolgreich die Probanden im Leben werden würden. Und tatsächlich stellte sich heraus, dass diejenigen, die schon frühzeitig die *Fähigkeit* besaßen, *auf eine kurzfristige Annehmlichkeit zugunsten eines langfristigen Gewinns zu verzichten*, auch später im Leben die wesentlich Erfolgreicheren waren.

Erfolg, so die Hauptthese Golemans (wie auch vieler anderer Motivationspsychologen) ist nicht primär eine Frage der analytisch-akademischen Intelligenz (die üblicherweise beim IQ-Test gemessen wird), sondern hauptsächlich eine Frage der so genannten *emotionalen Intelligenz*, also dem Vermögen, optimal mit den eigenen Emotionen und denen anderer Menschen umzugehen. Hauptfaktoren dabei sind die Fähigkeit zur *Selbstmotivation* und *Selbstkontrolle*.

Und wie bei den vierjährigen Kindern im *Marshmallow*-Test geht es auch bei uns Erwachsenen immer wieder um die Frage: Wie kann ich meinen kleinen inneren Schweinehund, der keine Zeitvorstellung hat und all seine Bedürfnisse sofort befriedigen möchte, so im Zaum halten, dass ich meine langfristigen Ziele und die damit verbundenen größeren Gewinne doch erreichen kann?

»K. I. T. A.« und »Karotte«

Wie bringen Sie einen störrischen Esel zum Laufen? Diese Frage stellte auch der amerikanische Motivationsforscher Herzberg. Das nach ihm benannte »Herzberg-Modell« findet sich in Vera F. Birkenbihls *Erfolgstraining. Schaffen Sie sich Ihre Wirklichkeit selbst.* Es zeigt, mit welchen zwei Motivationsstrategien sich nicht nur störrische Esel in Bewegung setzen lassen, sondern auch die meisten Menschen sich und andere antreiben.

Strategie 1: K. I. T. A.

Das heißt wörtlich – bitte, verzeihen Sie! –, man gibt dem Esel einen »kick in the ass«. Man verpasst ihm also schlicht und einfach einen gezielten Tritt in den Hintern! Und wenn man fest genug tritt, dann setzt sich der Esel auch in Bewegung. Hier haben wir es also mit der vielmals erprobten Motivationsmethode mittels *Druck, Drohungen, Strafen, Sanktionen, Anbrüllen, Vorhaltungen, Schlechtes-Gewissen-Bereiten* ... zu tun. Und diese Methode funktioniert! Fast überall wird sie eingesetzt: in Unternehmen, in Beziehungen, in der Kindererziehung und bei uns selbst. Auch wir selbst haben gelernt, uns unter Druck zu setzen, uns Vorwürfe zu machen und uns mit unserem schlechten Gewissen immer wieder einen Tritt zu geben. (Natürlich trifft der Tritt den Schweinehund, der aufjault und auf Rache sinnt!)

Strategie 2: Karotte

Hier funktioniert die Motivation so: Man hält dem Esel eine Karotte vor die Nase, lässt ihn etwas davon knabbern und geht dann, mit der Karotte wedelnd, ein Stück voran. Und natürlich folgt der Esel, in der Hoffnung, mehr vom Gemüse zu bekommen. Ab und zu müssen seine Bemühungen von Erfolg gekrönt sein, sonst funktioniert die Methode über kurz oder lang nicht mehr! – Hier handelt es sich um die Motivationsmethode mittels *Belohnungen, Prämien, Tantiemen, Beförderung, Lob, Anerkennung, Schmeichel- und Streicheleinheiten* ... Auch sie wird mit Erfolg eingesetzt von Vorgesetzten, von Partnern, von Eltern und von uns selbst. Und wir wenden diese Taktik nicht nur bei anderen an, sondern auch bei uns selbst: Zur Belohnung für die durchgehaltene Diät laden wir uns (und unseren Schweinehund) mal richtig gut zum Essen ein!

Die Motivatoren der Klasse »K. I. T. A.« oder »Karotte« wirken jedoch nur vordergründig und haben jeweils einen entscheidenden Nachteil:

Mit Druck alleine kann man auf Dauer keine Motivation erreichen. Sobald man aufhört zu treten, bleibt der Esel stehen. Entfällt die Kontrolle der Hausaufgaben, wird der Sohn diese bald nicht mehr anfertigen. Wenn der neue Vorgesetzte Unpünktlichkeit nicht mehr moniert, geht bei vielen Angestellten die bisherige Pünktlichkeit »baden«. Und auch wir selbst werden so manch sinnvolle Tätigkeit einstellen, wenn wir uns nur unter Druck dazu bewegen konnten. Dafür wird unser Schweinehund mit hundertprozentiger Zuverläs-

sigkeit sorgen! Denn wie wir wissen: Je größer der Druck, desto bissiger der Schweinehund. Natürlich können Sie ihn eine Zeit lang mithilfe von Auf-sich-selbst-Druck-Ausüben in Schach halten. Aber wehe, wir lassen nach, dann bricht er aus. Und vorher wird er alle anderen Tricks ausprobieren, uns zu sabotieren. Mit echter Motivation hat das also wenig zu tun.

Auch Belohnungen verlieren mit der Zeit an Motivationskraft. Bis zu einem gewissen Grad kann man zwar versuchen, »Karotten nachzulegen«, doch irgendwann ist der Esel satt! Einhellig haben Untersuchungen in der Wirtschaft ergeben, dass die Arbeitsmentalität träger und demotivierter Verkäufer oder Firmenvertreter durch noch so durchdachte Prämien und Zusatzprovisionen nicht nachhaltig verbessert werden kann. Und wer nur des Geldes wegen arbeitet, wird wenig Spaß und Erfüllung im Job finden und wird versuchen, das tagsüber »versäumte« Leben nach Dienstschluss nachzuholen. Angenommen, Sie belohnen sich für jeden Besuch im Fitnessstudio mit einem Glas Prosecco in einem attraktiven Café, dessen Besuch Sie sich nicht einfach so gestatten. Dann wird Ihr Schweinehund, der ja hauptberuflich Genießer ist, sich davon am Anfang vielleicht einlullen und Sie zur Fitness gehen lassen. Aber bald schon hat er sich daran gewöhnt und wird Ihr Fitnessprogramm mit Ausreden torpedieren – es sei denn, Sie bieten ihm Champagner an. Doch auch der zieht nur vorübergehend ...

Druck und Belohnungen *alleine* haben auf Dauer keine wirkliche Motivationskraft.

So leicht lässt sich der innere Schweinehund nun auch nicht überlisten. Gegen Doppelstrategien wie die folgende hat er allerdings schlechte Karten – oder, bei richtiger Dosierung, auch gar keine Einwände!

Der Schweinehund in der Zange

In seinem Buch *Descartes' Irrtum* beschäftigt sich Antonio R. Damasio intensiv mit der Arbeitsweise des menschlichen Gehirns und den Faktoren, die unsere Entscheidungen maßgeblich beeinflussen. Nach den Forschungsergebnissen der letzten Jahrzehnte, so berichtet er, spielen *Schmerz und Lust* die entscheidende Rolle bei der Auswahl unserer Strategien.

Das interne »Präferenzsystem« des Menschen verfolgt in erster Linie zwei Ziele: *Schmerzen zu vermeiden* und *potenzielle Lust zu suchen.*

Und jetzt fragen Sie doch mal bitte Ihren inneren Schweinehund, was *er* in erster Linie will – ohne ihn damit gleich ins Cockpit Ihres internen Präferenzsystems zu lassen!

Dieses »Pleasure & Pain«-Prinzip, wie es amerikanische Motivationspsychologen nennen, hat der Persönlichkeitstrainer Alexander Christiani in seinem Buch *Weck den Sieger in Dir*! dargestellt. Er bezeichnet es als »bipolares Antriebssystem« (mit dem auch die Werbung versucht, uns von morgens bis abends zu manipulieren) und schreibt dazu:

»Die Grundstruktur effizienter Werbung ist darauf aus, uns in die Zange zu nehmen: ›Wie schlimm ist dein Leben ohne unser Produkt, und wie gut geht es dir mit den Vorteilen, die wir dir bieten …‹ – Diese Art von Werbung ist deswegen so effizient, weil sie genauso arbeitet wie unser Gehirn:

Wenn Sie in irgendeinem Lebensbereich sehr motiviert, diszipliniert und konsequent sind, dann deswegen, weil Ihr zweipoliger Antrieb Sie in die Zange nimmt. – Wer motiviert ist, etwas regelmäßig zu tun (zum Beispiel Joggen), fühlt sich nicht nur gut, wenn er es gemacht hat, sondern er fühlt sich auch sehr schnell sehr schlecht, wenn er seine Aktivität einmal ausfallen lassen muss (er also zu seinem geliebten Waldlauf ein-, zwei- oder dreimal nicht kommt). Dies gilt für disziplinierte Gärtner, Jogger, Briefmarkensammler, Leseratten und alle anderen …«

Zwei Dinge sind also erforderlich, um Ihren Schweinehund liebevoll, aber wirksam in die Zange zu nehmen:

1. Stellen Sie sich vor, welchen *Gewinn* Ihnen das erstrebte Verhalten bringen wird. Malen Sie sich in allen Einzelheiten aus, wie befriedigend und wohltuend es für Sie sein wird, wenn Sie sich aufraffen und vielleicht sogar einen vorübergehenden Verzicht auf etwas Angenehmes in Kauf nehmen.
2. Führen Sie sich außerdem die *Nachteile* deutlich vor Augen, die eintreten werden, wenn Sie Ihr Vorhaben fallen lassen. Stellen Sie sich so intensiv wie möglich vor, wie schlecht Sie sich später fühlen werden, wenn Sie jetzt nachgeben.

Angenommen, Sie haben gerade Karen Kingstons Buch *Feng Shui gegen das Gerümpel des Alltags* gelesen und denken nun darüber nach, auch Ihr Haus zu entrümpeln. Dann haben Sie genügend Informationen, um sich einerseits auszumalen, wie viel mehr Platz Sie gewinnen, wie viel wohler Sie sich in Ihrem Haus fühlen würden, wie viel aufgestaute Energie frei wird und wie viel sonstige Vorteile diese Aktion für Sie bringen wird. Andererseits wird Ihnen klar sein, wie viel Energie gebunden bleibt, wie sehr es Sie psychisch belastet, von so viel altem Krempel umgeben zu bleiben, und welche weiteren gravierenden Auswirkungen die gegenwärtige Unordnung für Ihr Leben haben würde. Wenn Sie sich das so richtig vor Augen führen, kann kein Schweinehund mehr die Entrümpelungsaktion verhindern – im Gegenteil: Er wird Ihnen dabei helfen. Denn Sie werden Spaß dabei haben, und den liebt er auch!

Erfahrungsgemäß ist der zweite Schritt (sich die Nachteile auszumalen) psychologisch sogar der wichtigere. Da unser ganzes Nervensystem primär überlebensorientiert programmiert ist, gilt:

Unser Gehirn tut mehr, um Schmerz zu vermeiden, als um Lust und Vergnügen zu gewinnen.

Ein gutes Beispiel hierfür liefert Christiani (*Weck den Sieger in Dir! In 7 Schritten zu dauerhafter Selbstmotivation*):

»Der Unterschied zwischen dem ordentlichen ›Schreibtischaufräumer‹ und dem notorischen Chaoten ist weniger das gute Gefühl, das möglicherweise beide mit Ordnung verbinden. Es ist vielmehr das schnelle Ansteigen der Peinkurve des ordentlichen Menschen: Wer Unordnung nicht erträgt, räumt auf. Der Arbeitsberg des Chaoten muss dagegen erst einmal auf 1,50 Meter wachsen, bis sich langsam genügend Pein verdichtet zu der Erkenntnis: »Jetzt ist es mal wieder an der Zeit, Ordnung zu schaffen.«

Unter diesem Aspekt könnte man sich auch einfach nur die Frage stellen, *was das kleinere Übel ist*: das Vorhaben anzugehen oder es nicht zu tun? Also:

- Wie unangenehm ist es für mich, jetzt meine Steuererklärung zu machen?
- Wie unangenehm wird es für mich, wenn ich die Steuererklärung wieder hinausschiebe?

In aller Regel versteht auch Ihr Schweinehund diese Fragen, und da auch er nach dem gleichen *bipolaren Prinzip* programmiert ist, ist es gut möglich, dass er Sie jetzt bei der Ausführung Ihrer Steuererklärung in Ruhe lässt.

Wenn er Sie dagegen doch sabotiert, so gibt es dafür in aller Regel zwei mögliche Hauptursachen:

1. Entweder waren die unangenehmen Gefühle stärker als die angenehmen, als Sie sich das geplante Vorhaben plastisch ausmalten, oder
2. Sie haben mit dem Alternativverhalten (auf das Sie hätten verzichten müssen) mehr Angenehmes als Unangenehmes verbunden.

Dann sind allerdings Sie es, der im Wettstreit mit Ihrem kleinen Feind die schlechteren Karten hat. Und wenn gar beide Ursachen zusammentreffen, dann brauchen Sie gar nicht erst anzutreten! – Auf Dauer allerdings wird sich auch der harmloseste Schweinehund nicht in die Zange nehmen lassen wollen. Der bipolare Antrieb von *Pleasure & Pain* mag beim Start helfen, um sich in Bewegung zu setzen oder um in Momenten der Schwäche durchzuhalten und am Ball zu bleiben. Dauerhafte Motivation dagegen erwächst von innen heraus, *aus dem Spaß an der Sache selbst.* Und den will ja unser Schweinehund auch haben. Somit lautet die entscheidende Frage: Was bewirkt den Spaß an einer Sache?

»Flow« oder »Mit dem Schweinehund ins Glück«

Haben Sie sich noch nie gefragt, was dazu führt, dass Zigtausende von Tennisspielern, Fußballern, Surfern, Bergsteigern, Schachspielern, Musikern ... so viel Zeit und Geld investieren, um ihren Hobbys hoch motiviert nachzugehen? Ganz einfach, werden Sie vielleicht antworten, es macht halt Spaß! Richtig, was aber *genau* den Spaß bewirkt, hat die Motivationspsychologen seit langem immer wieder beschäftigt. Und vor allem einer hat sich dieser Frage besonders gewidmet, Mihaly Csikszentmihalyi, Autor des Buchs *Flow – Das Geheimnis des Glücks.* Er scheint den Schlüssel zur Be-

antwortung dieser Frage gefunden zu haben, und er kommt zu dem zunächst vielleicht verblüffenden Ergebnis: *Einer der maßgeblichen Faktoren, um Spaß an einer Sache zu haben, ist die Herausforderung!* Entscheidend ist dabei allerdings noch ein zweiter Faktor: *Die konkrete Herausforderung muss mit den eigenen Fähigkeiten in Balance sein!* Sonst kann die Sache übel ausgehen.

Was ist damit gemeint? Drei Szenarien, die hier mittels einer »mathematischen« Gleichung dargestellt werden sollen, sind vorstellbar:

- Herausforderung > Fähigkeiten = Überforderung = Frust und Stress
- Herausforderung < Fähigkeiten = Unterforderung = Langeweile
- Herausforderung = Fähigkeiten = Spaß, Spannung = Flow

Ein Beispiel für den ersten Fall:

> Ein Windsurfer ist in einer Bucht bei etwa Windstärke 2 auf dem Surfbrett unterwegs. Die Windstärke ist für seine Surffähigkeiten gerade angemessen, er hat Spaß, ist an dem Tag gut

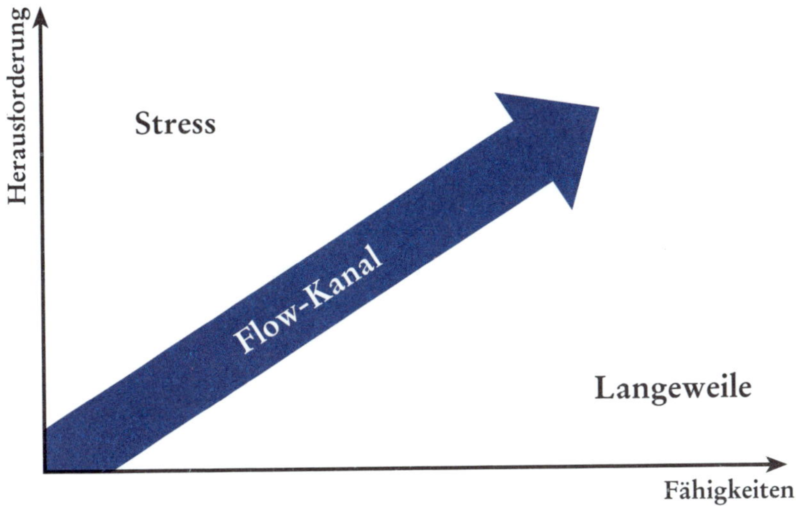

> drauf und so surft er in seinem Übermut in rasanter Fahrt aus der Bucht aufs offene Meer hinaus. Dort allerdings weht eine ganz andere Brise von etwa Windstärke 5, sodass es ihn schnell ins Wasser haut und alle Versuche, das Segel wieder hochzuziehen, fehlschlagen. Während er mit dem Brett immer weiter vom Ufer abgetrieben wird, muss er feststellen, dass er mit seinen Surfkünsten keine Chance hat: Die Herausforderung ist im Verhältnis zu seinen Fähigkeiten viel zu groß. Das Ergebnis sind höchster Stress und Angst bis hin zur Panik.

Die Geschichte ist mir übrigens vor etwa zehn Jahren tatsächlich in Griechenland so passiert, doch mit einem guten Ende, da mich ein griechischer Fischer beobachtet und aus dem Wasser gefischt hat. Bis er auftauchte, wurde mein Schweinehund allerdings immer panischer, und fast hätte er mich später nie wieder auf ein Surfbrett gelassen. – Im selben Ferienort gab es allerdings auch wahre Surf-Cracks. Die stellten sich erst bei Windstärke 6 bis 7 aufs Brett. Bei schwachem Wind unterwegs zu sein hätten sie als langweilig empfunden, weil die Herausforderung dann im Verhältnis zu ihren Fähigkeiten viel zu gering gewesen wäre.

Und noch ein Beispiel:

> Als Tennisspieler hätten Sie vermutlich den meisten Spaß mit jemandem, der etwa gleich gut ist wie Sie, allenfalls noch eine Spur besser, sodass mal der eine, mal der andere gewinnt und das Spielen immer wieder spannend ist. Wären Sie wesentlich schlechter, würde Sie das wahrscheinlich auf Dauer stressen und frustrieren (es sei denn, Ihr Gegenüber spielt Ihnen zuliebe auf Ihrem Niveau). Wären Sie dagegen um Klassen besser, so wäre die Langeweile programmiert. Und damit Sie die Lust am Tennis nicht verlieren, müssten Sie sich bald einen anderen Partner suchen!

Das heißt also: Nur wenn die *Herausforderung den eigenen Fähigkeiten entspricht*, entsteht der *Spaß* an der Sache. Dann kommen wir an unsere *Grenzen*, allerdings ohne überfordert zu werden, und können die prickelnde Spannung erleben, die Csikszentmihalyi »Flow« nennt.

Überforderung und Unterforderung sind die größten Motivationskiller in unserem Leben!

Diesen oft berauschenden *Flow*, dieses *Glücksgefühl* erlebt man am häufigsten, wenn man sich den eigenen Grenzen genähert beziehungsweise diese ein ganz klein wenig überschritten hat. Und das gilt fürs Bergsteigen, Skifahren oder Surfen genauso wie fürs Musizieren oder den Beruf. Eine Arbeit, die Sie auf Dauer überfordert oder unterfordert, werden Sie aufgeben – oder Sie gehen vor die (Schweine-)Hunde! Die Aufgaben und auftauchenden Probleme jedoch, die Sie herausfordern und die Sie mit Ihren Fähigkeiten lösen können, die geben Ihrem Berufsalltag die nötige Würze.

In der heutigen »Mega-Leistungsgesellschaft« mit ihrem ständigen »Höher-schneller-weiter-Anspruch« an uns geht es für die meisten Menschen allerdings eher darum, bewusst auf die eigenen Grenzen zu achten und sich nicht kontinuierlich zu überfordern bis hin zum *Burn-out*. Genau vor diesem »Ausbrennen« versucht uns unter anderem unser Schweinehund zu bewahren, zunächst noch sanft. Wenn wir aber nicht hören wollen und uns immer weiter »pushen«, dann wird er bissig und wird alle Sabotageregister ziehen, die ihm zur Verfügung stehen. Wer dennoch bei der Arbeit weiter »im roten Bereich powert«, den lässt er dann abends nicht mehr aus dem Fernsehsessel hochkommen oder in der Kneipe »die Sau rauslassen« und am nächsten Morgen alle Joggingvorsätze vergessen ...

Bei allem geht es letztlich nicht um noch mehr Disziplin und noch mehr Anstrengung (das Leben ist ja schon anstrengend ge-

nug!), sondern darum, einen Weg zu finden, unsere Ziele mit mehr Leichtigkeit und gleichzeitig mehr Freude und Spaß zu erreichen – dann hat auch der Schweinehund keinen Anlass mehr, uns zu sabotieren!

Doch natürlich begegnet er uns auch an der »gesunden« Grenze zur Herausforderung, auch dort gilt es immer wieder, uns (also ihn) zu überwinden, aber eher wie einen Trainingspartner im Spiel. Ihr Schweinehund ist ja von seiner Natur her verspielt (wie sein Charakterprofil auf Seite 114 zeigt). Spielen Sie mit ihm, necken Sie ihn, fordern Sie ihn heraus, ja, trainieren Sie mit ihm. Machen Sie jeden Tag eine kleine Schweinehunde-Übung, etwas, wobei Sie sich ein wenig überwinden müssen. Von Zeit zu Zeit darf die Übung ruhig auch mal schwieriger ausfallen. (Näheres zum Schweinehunde-Training finden Sie ab Seite 208.) Das kann sogar Spaß machen – solange Sie sich dabei nicht überfordern, sonst verlieren Sie gegen den kleinen Saboteur. Und je besser Sie werden, desto eher wird auch er in der Schweinehunde-Schule zu den Fortgeschrittenenkursen zugelassen. Keine Sorge, das Spiel wird nie ganz aufhören! Der Schweinehund wächst mit, seine Tricks werden auch immer raffinierter, je bewusster und geübter Sie selbst werden. Aber sonst wäre der Spaß ja auch vorbei. Ein lebenslanges Spiel also! Keine schlechten Aussichten, oder? Die Formel lautet somit:

Vermeiden Sie Unterforderung,
suchen Sie immer wieder (neue) Herausforderungen,
aber ohne sich zu überfordern!

Auch ein Schweinehund kann Spaß am Training haben

Wie die Verfassung und die Gesinnung Ihres Schweinehundes sich dabei analog zur Intensität der Herausforderung für Sie verändern, sehen Sie in dem folgenden Diagramm:

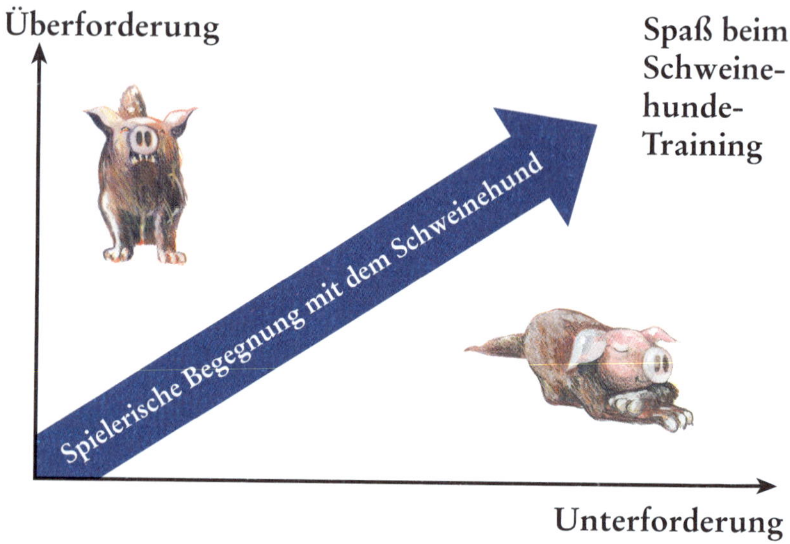

Damit Sie für dieses Training, für den spielerischen Umgang mit Ihrem Schweinehund gut gerüstet sind, finden Sie im folgenden Kapitel die wichtigsten Strategien und Mittel, Ihre Vorsätze Realität werden zu lassen. Wenn schon die Schweinehunde geschult werden, ist es doch an der Zeit, sich auch selbst das nötige Rüstzeug anzueignen, um ihnen zu begegnen!

8.
Strategisches Rüstzeug in fünf Schritten

Ach du meine Güte! Schon wieder diese Sprache! Ihrem Schweinehund (und vielleicht auch Ihnen) sträuben sich jetzt vermutlich die Haare: Wieder ein Ratgeber, der den maximalen Erfolg in nur fünf, acht oder zehn Schritten verspricht! Wenn er auch nur von weitem eines dieser »Rezeptbücher« wittert, legt er sich schon auf die Lauer, um grinsend seinen Verteidigungsplan auszutüfteln. Denn, so weiß er aus Erfahrung: Die meisten »XY-Schritte-Ratgeber« haben ihre Rechnung ohne den Wirt gemacht – und der Wirt ist in dem Fall der innere Schweinehund! Das wäre doch gelacht!

Und dennoch, bei allem Verständnis für diese Einstellung und allem Respekt gegenüber Ihrem Begleiter, jetzt geht es nun mal nicht ohne *strategisches Rüstzeug*, ob ihm das passt oder nicht! Versuchen Sie bitte, ihm zu erklären, falls er schon anfangen sollte, zu toben oder zu schmollen, dass es diesmal »ganz anders« sein wird – und das ist tatsächlich ernst gemeint –, denn die folgende Strategie ist von Fachleuten mit überwiegend schweinehundefreundlicher Gesinnung entwickelt worden und nimmt auf seine psychografische Struktur – so gut es geht – Rücksicht. Sie hat nicht das Ziel, ihn zu vertreiben, einzusperren oder zu bezwingen. Unsere Strategie ist sozusagen in wohlmeinender Weise »schweinehundesicher«.

Hier die *fünf strategischen Schritte* im Überblick:

1. Treffen Sie eine *eindeutige Entscheidung*!
2. Machen Sie eine *klare Zielplanung*!
3. Beginnen Sie mit der *konkreten Ausführung*!
4. *Kontrollieren* Sie Ihre *Zwischenergebnisse*!
5. Belohnen Sie sich für Ihren *Erfolg*!

Die ersten drei Schritte sind dabei zunächst die wichtigsten. Der entscheidende »Dreischritt des Erfolges« lautet E – P – A.

E ntscheidung
P lanung
A ktion

Doch damit allein ist es nicht getan. Es kommt auch auf folgende Punkte an:

- Sie entscheiden, OB Sie überhaupt handeln wollen;
- Sie planen, WAS Sie WANN machen wollen, und
- Sie wissen, WIE Sie anfangen und durchhalten ... und tun es!

Natürlich dürfen Sie nicht versäumen, Ihre *erreichten Etappenergebnisse zu kontrollieren* und Ihre *Erfolge* gebührend zu *feiern*. Wenn Sie sich aber einmal *wirklich entschieden* haben, *richtig geplant* haben und auch noch den *ersten Schritt* getan haben, dann hat Ihr kleiner Feind nur noch ganz geringe Chancen, Ihnen im weiteren Verlauf in die Quere zu kommen.

Schritt 1: Die eindeutige Entscheidung

Der Erfolg eines Vorhabens steht und fällt zunächst mit der *Eindeutigkeit der Entscheidung*. Viele Vorsätze, die unserem Schwei-

nehund schon nach kurzer Zeit zum Opfer gefallen sind, hatten von Anfang an gar keine Chance, weil wir deren Umsetzung eigentlich gar nicht so richtig wollten und daher auch nur einen *halbherzigen Entschluss* gefasst hatten. (Wozu der »Wurm in der Entscheidung« führt, konnten Sie bereits in Teil II ab Seite 59 lesen.) Um in Zukunft keine tot geborenen Vorsätze mehr zu fassen, gehen Sie am besten wie folgt vor:

Erstellen Sie bitte (sofern Sie dies nicht bereits getan haben) eine *Liste mit all den Dingen, die Sie* – vielleicht schon seit langem – vorhaben, immer wieder aufgeschoben haben und nun *endlich erledigen oder zumindest in Angriff nehmen wollen*. Trennen Sie dabei *einmalige Aktionen* (wie Kelleraufräumen, zahnärztliche Kontrolle) und *dauerhafte Verhaltensänderungen* (wie tägliche Zeitplanung, Abnehmen, regelmäßiges Fitnesstraining). Eine solche beispielhafte Liste finden Sie auf Seite 144.

Natürlich können Sie auch gleich zwei getrennte Listen für Einmalaktionen und Verhaltensänderungen anlegen. Im Beispiel auf Seite 144 sind die Vorhaben einfach in der Reihenfolge notiert, wie sie jemandem einfallen könnten. Mit einem oder zwei x können Sie auch größere oder schwierigere von kleineren oder leichteren Vorhaben unterscheiden. Auf die genaue Festlegung Ihres Vorhabens kommt es hier allerdings noch nicht maßgeblich an. Es kann zwar passieren, dass Ihr innerer Schweinehund schon lächelt, wenn Sie wieder mal nur »mehr Bücher lesen« wollen. Aber lassen Sie ihn ruhig, spätestens im nächsten Schritt werden Sie das konkretisieren!

Treffen Sie nun zu jedem Punkt Ihrer Liste eine *bewusste Entscheidung*, ob Sie ihn wirklich angehen wollen – oder ob Sie das Vorhaben (zumindest für absehbare Zeit) auf Eis legen möchten. Haben Sie auch den Mut, zu manchen Dingen Nein zu sagen, wenn Sie merken, dass Sie dazu wirklich keine Zeit haben oder das Vorhaben eigentlich gar nicht realisieren *wollen*. So könnten Sie zum Beispiel feststellen, dass das Anlegen des Gartenteiches in diesem

Was ich schon immer erledigen wollte		
Vorhaben	**Einmalige Aktion**	**Verhaltensänderung**
Bilder im Treppenhaus aufhängen	x	
Garage aufräumen	x	
Bücher im Keller sortieren	x	
Zeitschriften auswerten & ausmisten	x	
Steuererklärung vorbereiten	x	
Konflikt mit Nachbarn klären	x	
Zahnarztkontrolle	x	
Mindestens 10 kg abnehmen		xx
Regelmäßig joggen		xx
Tanzkurs mit Monika		x
Wieder mal ins Konzert/Theater gehen		x
Mehr Bücher lesen/Weniger Fernsehen schauen		x
Finanzen ordnen	x	
Navigationssystem fürs Auto zulegen	x	
Wirtschaftsenglisch verbessern		x
Auslandspraktikum USA angehen	xx	
Richard im Krankenhaus besuchen	x	
Planung der Sommerferien	x	
Zeitplanung am Computer machen		x

Jahr entweder finanziell oder zeitlich nicht »drin« ist oder Sie ihn eigentlich gar nicht brauchen – auch wenn Ihr Bruder für seinen Schweinehund gerade eine »größere Pfütze« im Garten angelegt hat. Vielleicht ist auch für den Tanzkurs dieses Jahr (noch!) keine Zeit, und beim Navigationssystem für Ihr Auto handelt es sich auch eher um überflüssigen Schnickschnack.

Bei den meisten Punkten werden Sie die Entscheidung sehr schnell und klar treffen können, insbesondere bei Einmalaktionen. Für Vorhaben dagegen, die Sie schon lange aufschieben und bei denen Sie Zweifel hegen, ob Sie sich wirklich (endlich) zu einer Entscheidung durchringen sollen – insbesondere anstehende Verhaltensänderungen –, erstellen Sie am besten eine Liste mit den Vorteilen und den Nachteilen Ihres (Nicht-)Handelns (wie auf Seite 147). Mit dieser Übersicht können Sie dann gegebenenfalls Ihren Schweinehund (nach dem »Pleasure & Pain-Prinzip«) liebevoll, aber bestimmt in die emotionale Zange nehmen.

Abwägen der Vor- und Nachteile des (Nicht-)Handelns	
Handeln	**Nichthandeln**
Welche Vorteile bringt es mir, wenn ich mein Vorhaben XY endlich angehe und verwirkliche? • Wie geht es mir damit voraussichtlich in einem Jahr? • Und wie schon in einem Monat?	Welche Nachteile bringt es mir, wenn ich mein Vorhaben XY nicht angehe und es weiter aufschiebe? • Wie wird es mir damit voraussichtlich in einem Jahr gehen? • Und wenn ich so weitermache, wie sieht es in 10, 20, 30 Jahren aus?
Welche Nachteile sind mit dem Handeln möglicherweise verbunden?	Welche Vorteile könnte es dagegen haben, wenn ich nicht aktiv werde oder mein bisheriges Verhalten beibehalte?
Überwiegen die Vorteile des Handelns eindeutig die Nachteile?	Überwiegen die Nachteile des Nichthandelns eindeutig die Vorteile?

Unterschätzen Sie den Effekt von einer solchen Liste nicht! Oft kann es allein schon den entscheidenden Motivationsschub auslösen, wenn man sich die Vor- und Nachteile wirklich mal bewusst macht. Probieren Sie es aus!

In manchen Fällen, in denen unser kleiner Widersacher sich hartnäckig gegen eine notwendige Veränderung unserer Gewohnheiten gesträubt hat, kann uns nur eine schonungslose Analyse und Bewusstmachung dessen, was wir mit uns machen und wohin das führen kann, wachrütteln und die Bereitschaft zur Veränderung schlagartig entfachen.

Sonja, eine Seminarteilnehmerin, lebte in einem geerbten Haus. Nur leider stand es an einer Straßenkreuzung mit immensem Verkehrslärm und solch starker Abgasemission, dass sie die Wäsche nicht im Garten zum Trocknen aufhängen konnte, weil sie sonst schwarz geworden wäre. Andererseits war es das Haus ihrer Großeltern und – kostete sie nichts. Woanders hätte sie für ein vergleichbares wesentlich mehr zahlen müssen, als sie bei einem möglichen Verkauf des ererbten Anwesens erzielt hätte. Zudem war ihr »Erbstück« dringend renovierungsbedürftig, doch auch hierzu ergriff sie keine Maßnahmen, da sie nicht wusste, ob sie hier weiterhin wohnen sollte. Ein Dilemma, das nach einer Lösung schrie, doch seit bald fünf Jahren schob sie die Entscheidung immer wieder hinaus. Mal suggerierte ihr der Schweinehund »Das kannst du deiner Familie nicht antun, das Haus deiner Großeltern zu verkaufen!«, mal kam er mit der »Du musst dich erst noch richtig informieren«-Masche, dann wieder mit der »Ist doch nicht so wichtig«-Tour. Oder er setzte die Bequemlichkeitstaktik ein. – Im Seminar brauchte sie keine 20 Minuten für ihre Vor- und Nachteileliste –, und sofort war ihr Schweinehund verstummt. Die Entscheidung war eindeutig. Sonjas Liste sah etwa so aus:

Sonjas Abwägen der Vor- und Nachteile ihres (Nicht-)Handelns

Handeln	Nichthandeln
Vorteile von Hausverkauf und Umzug ... ... in einem Jahr: • Kein Verkehrslärm • Keine Abgase • Weniger Belastung • Gesünderes Leben • Wohlgefühl • Ich weiß, wo ich hingehöre • Viel unnötiges Gerümpel und überflüssige Möbel entsorgt (= weniger Ballast) ... in einem Monat: • Ende des Zögerns • Klarheit, was ich will • Ich kann handeln • Aussicht auf Veränderung • Ich tue was für mich • Vorfreude • Neubeginn	*Nachteile,* wenn nicht verkauft wird, ... in einem Jahr: • Weiterhin Unklarheit • Weiterhin Belastung mit Lärm und Abgasen • Schlechtes Gewissen • Kein gutes Wohngefühl im heruntergekommenen Haus • Noch weniger Energie ... in 10, 20, 30 Jahren: • Undenkbar, so weiter zu leben! • Schrecklich! • Das wär ja ein Albtraum! (Spätestens hier ist ihr alles klar!)
Nachteile: • Abschiednehmen vom alten Haus • Einschränkung auf kleineres Haus oder Wohnung • Zeitinvestition	*Vorteile:* • Bequemlichkeit (sonst keine!)
Fazit: Vorteile überwiegen eindeutig!	*Fazit:* Nachteile überwiegen ohne Frage!

Zwei Monate nach dem Verfassen der Liste hatte sie das Haus verkauft und zog – natürlich mit ihrem Schweinehund – in eine viel kleinere, aber ruhige Drei-Zimmer-Wohnung in einer Parkanlage.

Nutzen Sie in dieser Phase des Abwägens und Entscheidens die Schubkraft des *WWW-Prinzips*! Was so viel heißt wie:

W irklich
W issen
W arum

Und so funktioniert das Prinzip: In vielen Fällen verändern wir gar nichts, weil wir nicht wissen, was die Veränderung uns bringt. Uns ist unklar, *warum* wir etwas tun sollen beziehungsweise wie sehr wir uns mit unserem bisherigen Verhalten schaden. Hier heißt es gegensteuern: *Holen Sie sich die nötigen Informationen von Experten*, sei es durch Sachbücher, Seminare, Vorträge, Filme oder andere Informationsquellen wie das Internet! Natürlich gehören zum Part Infobeschaffung auch ärztliche Gesundheitschecks (auch wenn Ihr kleiner Begleiter aufmuckt!).

Und meistens fehlt uns nicht nur das Wissen um das Warum (das »*Know-why*«), sondern gleichzeitig vermeiden wir eine Veränderungsentscheidung, weil wir gar nicht richtig wissen, *wie* es geht (uns fehlt das *Know-how*). Ob Mit-dem-Computer-umgehen-Lernen, Tanzen, Abnehmen oder Joggen – vorher denken wir oft, das sei sicher viel zu kompliziert, zu anstrengend, zu entbehrungsvoll oder zu zeitraubend (und das ist natürlich Munition für den Schweinehund) – bis es uns einer gezeigt oder erklärt hat, wir es dann getan und die Erfahrung gemacht haben: »Es ist ja wirklich nicht schwierig, im Gegenteil, viel einfacher und weniger anstrengend, als ich dachte. Ja, wenn ich das früher gewusst hätte!« Wie oft haben Sie selber diesen Satz in Ihrem Leben schon gesagt? Und wie oft wollen Sie ihn noch sagen? Holen Sie sich also von den Experten alle nötigen Informationen, *wie es am einfachsten geht* – dann wird auch Ihr Schweinehund keine großen Einwände mehr erheben!

Erleichtern Sie sich die Entscheidung dadurch, dass Sie (mit dem nötigen *Know-why* und *Know-how*) wirklich wissen, warum & wie! Folgen Sie also dem kombinierten WWW&W-Prinzip!

Schritt 2: Klare Zielplanung

»Welchen Weg soll ich nehmen?«, fragt Alice im Wunderland die Katze, die sie an einer Wegkreuzung trifft. – »Das hängt davon ab, wo du hin willst«, antwortet die Katze. – »Ach«, sagt Alice, »das ist mir eigentlich gleichgültig.« – Woraufhin die Katze allerdings nur die einfache Feststellung trifft: »Wenn es dir gleich ist, wo du hinkommst, dann ist es auch gleich, welchen Weg du nimmst!«

Und in fast jedem Zeitplanungsbuch begegnet einem der wohl kaum zu übertreffende Satz von Seneca: *Wer den Hafen nicht kennt, für den ist kein Wind der richtige.*

Ohne Ziele werden Sie es auch kaum mit Ihrem Schweinehund zu tun bekommen. Wenn Sie keinen »Hafen« haben, den Sie ansteuern können, und wenn es Ihnen egal ist, wo Sie landen, dann könnten Sie ihm ja auch getrost das Steuer überlassen ... Nein, er taucht auf der Bildfläche auf, *wenn* Sie Ziele haben – und die haben Sie ja jetzt, als Folge Ihrer eindeutigen Entscheidungen. Nun geht es darum, die gewählten Ziele durch eine *klare Zielplanung* gegen mögliche Attacken Ihres kleinen Feindes abzusichern. Und das gelingt am leichtesten, wenn Sie dabei die Arbeitsweise Ihres Gehirns, also Ihrer Steuerungszentrale, bestmöglich berücksichtigen. Je *realistischer*, *genauer* und *terminierter* Ihre inneren Zielbilder sind, desto schwächer wird der Widerstand Ihres Schweinehundes! Gute Vorsätze, die überleben (das heißt, nicht gefressen werden) wollen, erfüllen (gehirn-)notwendigerweise folgende fünf Merkmale. Sie sind

- realistisch und machbar,
- positiv formuliert,
- konkret messbar,
- terminiert und
- mit einem klarem Zielbild versehen.

Realistisch und machbar

Kennen Sie solche guten Ratschläge von Freunden und Bekannten: »Das ist doch gar nicht schwer!« – »Das kannst du doch!« – »Das wäre doch gelacht, wenn *du* das nicht schaffen würdest!« – »Du musst dich dazu einfach *nur* überwinden!« Doch solche Sprüche bringen Ihnen meist herzlich wenig (auch wenn sie noch so gut gemeint sein mögen), wenn *Sie* das Gefühl haben, dass Sie es nicht schaffen oder zumindest dass es Sie eine zu große Überwindung kostet. Manchmal ziehen sie einen sogar nur noch mehr »runter«. – »Du musst dich halt nur zusammenreißen!«, hieß es bei uns zu Hause, und da kann ich nur sagen: »Denkste!« – Wenn das *alles* wäre, dann müsste es ja hierzulande nur so von gesunden, fitten, erfolgreichen Menschen wimmeln, die auch mit der Überwindung ihres inneren Schweinehundes keine Probleme hätten! (Wenn es denn überhaupt noch Schweinehunde gäbe und diese nicht längst ausgewandert wären!)

Natürlich sind Ziele zunächst nur *realistisch*, wenn sie im Rahmen unserer *objektiven* Fähigkeiten und Möglichkeiten liegen, uns also nicht tatsächlich (in messbarer und nachprüfbarer Weise) überfordern. Wer sich im Alter von 40 Jahren als bisheriger Nichtschwimmer vornimmt, bei der nächsten Olympiade die Goldmedaille über 100 Meter Delphinschwimmen zu gewinnen, dürfte sich damit etwas vorgenommen haben, das für jeden erkennbar außerhalb seiner Fähigkeiten und Möglichkeiten liegt. Ein Vorhaben ist aber für uns nur dann wirklich realistisch, wenn es *uns selber machbar erscheint*, also im Rahmen unserer *subjektiv* empfundenen Fähigkeiten liegt. Dies ist einer der sensibelsten Punkte im Umgang mit dem inneren Schweinehund. Sie müssen diesen Aspekt (und auch Ihren Schweinehund!) bei Ihrer Zielsetzung unbedingt mit berücksichtigen, ihn mit einbeziehen, sonst wird Ihr kleiner Widersacher Sie mit allen Mitteln sabotieren. Und ich gehe fast jede Wette ein: mit Erfolg! Wenn Sie bei Ihrer Zielsetzung (in

noch so guter Absicht) die »Latte« psychologisch zu hoch legen, wird das in Kürze Ihre innere Hemmschwelle erheblich steigern. Und schon bekommen Sie dieses unangenehme »Das-schaff-ich-ja-nie«-Gefühl, und eine wohlbekannte innere Stimme flüstert Ihnen zu: »Das ist ja auch gar nicht zu schaffen! Das schafft ja sowieso keiner!«

Warum schaffen es viele Menschen nicht, ihre guten Vorsätze wie »ab morgen nicht mehr zu rauchen«, »20 Kilo abzunehmen« oder »endlich mal das ganze Haus inklusive Keller, Speicher und Garage auszumisten« zu verwirklichen? Weil sie bereits im Vorfeld das beängstigende Gefühl beschleicht: »Das schaff ich ja nie!« Wie ein riesiger, unüberwindbarer psychologischer Berg steht dann das Vorhaben vor ihnen, und ihr innerer Schweinehund wird (wie er meint, in bester Absicht) alles dafür tun, diesen bedrohenden, beklemmenden, nicht zu schaffenden Vorsatz zu beseitigen. Und wenn sie ihn aufgegeben haben, dann geht es den meisten Menschen – zumindest, was das beklemmende Gefühl betrifft – erst einmal wieder gut. Das genügt dem Schweinehund, da er ja primär in der Gegenwart lebt.

Wenn wir ein großes Vorhaben umsetzen wollen – ohne uns dabei unter massiven Druck zu setzen und ständig gegen unseren dann äußerst bissigen und bösen Schweinehund ankämpfen zu müssen –, dann gibt es nur einen Weg:

Wir brauchen schon im Vorfeld das Gefühl der Machbarkeit.

Das Gefühl: »Das kann ich ja schaffen!« oder »Das ist ja wirklich machbar!« Und das können Sie erreichen, indem Sie sich zum einen informieren und das nötige Know-how aneignen, wie Ihr spezielles Vorhaben am einfachsten anzugehen ist, zum anderen aber, indem Sie es *in kleinen Schritten oder Einheiten* anpacken. Denn:

Große Vorhaben verwirklichen Sie am leichtesten in kleinen Schritten!

Das ist das Geheimnis des *Mini-Max-Prinzips*: Mini-Etappen kumulieren sich zu maximalem Erfolg! Für die Anwendung des Mini-Max-Prinzips in der Praxis kann man je nach gewähltem Ziel unterscheiden:

Kleinere aufgeschobene Dinge, die Sie ohne Mühe in einer *Einmalaktion* erledigen können (wie das Aufhängen der Bilder, die Eröffnung eines Bankkontos, die Arztvisite, der längst fällige Brief), gehen Sie an *wie ein Austernessen*: So wie Sie eine Auster nach der anderen verspeisen, verwirklichen Sie ein Vorhaben nach dem anderen – und nie zwei auf einmal!

Oder anders ausgedrückt: Kämpfen Sie nie an zwei Fronten gleichzeitig! Verteilen Sie die aufgeschobenen Vorhaben von Ihrer Liste am besten *einzeln* auf verschiedene Tage über einen längeren Zeitraum hinweg, gehen Sie beispielsweise jeden Tag *eine* Sache an. Oder Sie *bündeln*, wenn dies sinnvoll erscheint, mehrere Vorhaben und erledigen diese dann an einem Tag »in einem Abwasch« – allerdings auch dann nacheinander! Ein Beispiel: Sie verbinden Ihren Arztbesuch mit dem anschließenden Erledigen einiger Besorgungen.

Größere Vorhaben, die Sie kaum auf einmal bewältigen können, *die* vielmehr eine *längere Zeit und Ausdauer erfordern* (wie das Ausmisten und Renovieren des ganzen Kellers, das Lernen einer neuen Sprache, die Vorbereitung auf eine Prüfung, die Ausarbeitung eines Projekts, das Lesen eines Buches), gehen Sie wie beim Elefantenessen an: Man schneidet den Elefanten in kleine Häppchen und isst ihn stückchenweise.

In kleinen Portionen geht's einfacher!

Diese aus Indien stammende Weisheit ist hierzulande meist als so genannte *Salamitechnik* bekannt. Das heißt also:

Teilen Sie ein größeres Projekt
(wie man eine Salami in feine Scheiben schneidet)
in *kleine, überschaubare und zeitlich begrenzte Einheiten,*
die Sie dann *in kleinen Schritten*
etappenweise angehen.

Ein solches Herangehen mindert die Hemmschwelle anzufangen, erleichtert also den Start, wenn es mit der Motivation mal hapert – und diese wächst mit jedem kleinen Teilerfolg. Auch kleine Schritte können nämlich eine große Wirkung haben. Auf diese Weise können Sie auch Ihren inneren Schweinehund austricksen, der kleine Dinge und kleine Vorhaben leicht übersieht. Und das wird er Ihnen auch nicht übel nehmen, da er nun wahrlich nicht kleinlich ist. Und in diesem Sinne noch ein Zusatztipp: *Im Zweifel am Anfang lieber zu kleine als zu große Häppchen »verspeisen«!*

Natürlich ist es wenig motivierend, wenn Sie sich unterfordern, aber steigern können Sie Ihr Pensum immer noch! Hauptsache, Sie hatten das Gefühl der Machbarkeit und wurden somit nicht am Starten gehindert!

Robert stand in der Buchhandlung, in den Händen einen Ratgeber über persönliche Finanzplanung. Ja, damit wollte er sich schon lange mal befassen, aber schon sprach sein unsichtbarer Begleiter: »Wann willst du denn das lesen? 220 Seiten! Du hast doch sowieso schon genug zu tun! Außerdem ist das trockener Stoff. Dabei kann man doch nicht entspannen.« – Robert hatte das Buch schon fast wieder ins Regal gestellt, da erinnerte er sich an die Elefantenregel und rechnete schnell nach: »Bei werktags fünf Seiten täglich (während der S-Bahn-Fahrt zur Arbeit), samstags und sonntags je zehn Seiten macht das

45 Seiten pro Woche, also insgesamt etwa fünf Wochen – ja, das ist machbar!« Und als er das Gefühl hatte, es auf diese Weise zu schaffen, war sein Schweinehund still. Das überzeugte auch ihn. Fast hätte er das Buch für Robert nach Hause getragen.

Verhaltensänderungen, bei denen Sie Ihr Leben durch eine *neue Gewohnheit* dauerhaft bereichern wollen (sei dies nun die tägliche Zeitplanung, regelmäßiger Sport, eine neue gesündere Ernährungsweise oder auch »nur«, sich einmal am Tag eine kurze Besinnungszeit zu gönnen, um innerlich aufzutanken), gehen Sie mithilfe desselben Prinzips an: besonders am Anfang kleine Schritte, kleine Einheiten. Also lieber täglich zunächst nur zehn Minuten Laufen, als dass Ihnen bei einem höheren Pensum Ihr Schweinehund das Wasser abgräbt. Ein neues Verhalten zur Gewohnheit werden zu lassen – sei es auch noch so sinnvoll – bringt besondere Schwierigkeiten mit sich und ist daher eines der Vorhaben, die den Schweinehunden am häufigsten zum Opfer fallen. Bei Kenntnis der Besonderheiten lassen sich allerdings auch diese Schwierigkeiten leicht meistern. Daher ist dieser so wichtigen Thematik ein eigenes Kapitel (siehe Seite 179) gewidmet.

Fazit: Um sich zu überwinden, brauchen Sie das Gefühl der Machbarkeit. Stellen Sie sich deshalb bei Ihrer Zielplanung (egal, welcher Art Ihr Ziel ist) immer wieder die so entscheidenden Fragen: »Wie kann ich es schaffen, dass mein Vorhaben für mich *machbar* wird?« – »Was kann ich tun, damit mir der Anfang, der erste Schritt leichter fällt?« Denn die entscheidende Erkenntnis im Umgang mit Ihrem inneren Schweinehund lautet nun einmal:

**Um sich zu überwinden,
brauchen Sie das Gefühl
der Machbarkeit.**

Legen Sie also im Zweifel die Latte etwas niedriger, und gehen Sie Sie den *Weg des geringeren Widerstandes.* Das ist nicht notwendigerweise der oft so verpönte »Weg des geringsten Widerstandes«! Denn wie unsere Muskeln beim Krafttraining wachsen auch wir am Widerstand, und ganz ohne Widerstand macht es ja sowieso keinen Spaß. Vielmehr geht es um den Widerstand, der uns zwar einerseits fordert, andererseits aber gerade noch das Gefühl der Machbarkeit lässt. Der »geringere Widerstand« ist also die weise Antwort auf eine zunächst zu hohe Herausforderung.

Ich kann mich noch gut erinnern, wie ich vor vielen Jahren einem Experten für Zeitmanagement beichtete, ich hätte ein Briefschuldenkonto von 24 unbeantworteten Briefen und könne mich einfach nicht überwinden, diese Ansammlung von Aufschieberitis anzugehen. Daraufhin zog er ein genial klingendes Patentrezept aus seiner Berater-Trickkiste und empfahl mir ein »Schreibmarathon-Wochenende«. Auf meine verblüffte Rückfrage, worum es dabei genau ginge, erklärte er: Ich solle an einem Wochenende von Samstag früh bis Sonntag Abend einen Brief nach dem anderen beantworten, dann könne ich hinterher in unvorstellbarer Erfolgsglückseligkeit baden. Nun, beflügelt von dieser Aussicht, plante ich ein solches Wochenende – erfolglos. Dann noch eins, dann noch eins. Nach vier Anläufen dieser Art, ohne auch nur einen einzigen Brief anzugehen, begriff ich: Das war nicht die richtige Strategie für meinen Schweinehund. Gefühl der Machbarkeit? Null! Also beschloss ich, um der Angelegenheit irgendwie Herr zu werden, die Latte niedriger zu legen, so niedrig, bis mein kleiner Saboteur nickte und den Weg frei gab. Einen Brief pro Woche - das war machbar! Mit dem wichtigsten Brief beginnend, hatte ich nach einem halben Jahr alle Briefe beantwortet.

Manchmal gilt es also auch, die Latte zunächst viel niedriger zu legen!

Entscheidend ist letztlich das Ergebnis. Die Medaille wird nicht für das Überwinden des schwersten Weges vergeben, sondern für die Zielerreichung – sei es auch über den Weg des geringeren Widerstandes.

Positiv formuliert

So viele unserer Vorsätze haben von Anfang an gar keine Überlebenschance, weil sie nicht der Arbeitsweise unseres Gehirns entsprechen. Hierzu zählen vor allem die vielen Fälle, in denen wir uns – noch so fest – vornehmen, etwas »weniger oft« oder »nicht mehr« zu tun. Hiervon kann sich unser Gehirn keine Vorstellung machen. Sie können nicht »etwas nicht denken« – so sehr Sie sich darum auch bemühen. Und was Sie sich nicht vorstellen können, werden Sie nur schwer in die Tat umsetzen können. (Näheres hierzu im Abschnitt »Mit leuchtendem Zielbild und innerem Film«, Seite 166.)

Aber machen Sie doch selbst einmal die Probe aufs Exempel! Ich fordere Sie jetzt ausdrücklich auf: Bitte denken Sie nicht an eine schwarze Katze!

Nein! Sie müssen mich wohl missverstanden haben, Sie sollten doch *nicht* an eine schwarze Katze denken! – Das Problem dabei ist, dass eben gerade das nicht geht. Mein Befehl ist genauso wenig »gehirngerecht« wie das Schild im Wohnmobil der bekannten Managementtrainerin Vera F. Birkenbihl:

Bitte beachten
Sie dieses Schild
NICHT!

Von Vera F. Birkenbihl stammt übrigens auch der Begriff »gehirngerecht«. Und was nicht gehirngerecht ist, das können Sie (meistens auch im wahrsten Sinne des Wortes) vergessen! Wie soll Ihnen denn Ihr Gehirn helfen, wenn es sich nicht *positiv,* also tatsächlich vorstellen kann, was Sie wollen? Wie sieht das denn aus, wenn Sie sich vornehmen, »nicht mehr so viel zu arbeiten«, »nicht mehr in die Luft zu gehen«, »nicht mehr so viel zu rauchen«? In dem Augenblick, in dem Sie versuchen, das in Worte zu fassen, werden Sie notgedrungen das sagen müssen, was Sie *stattdessen* tun wollen. Es ist zwar nicht möglich, sich *keine* schwarze Katze vorzustellen, wohl aber gelingt es, sich einen leeren Raum vor Augen zu führen (in dem eben *automatisch*, weil er ja leer ist, auch keine schwarze Katze ist). Und genauso ist ein gehirngerechter Vorsatz formuliert: Er drückt zum einen das aus, was Sie stattdessen machen wollen (beispielsweise »früher nach Hause gehen, um mit den Kindern zu spielen« statt nur »weniger zu arbeiten«). Zum anderen präzisiert er aber auch gleich, *was* Sie *genau* stattdessen machen wollen, ansonsten tappen Sie nämlich gleich in die nächste Falle, der nicht messbaren »Wischiwaschi-Formulierungen« – worüber Sie gleich im folgenden Abschnitt mehr erfahren. (Nehmen Sie sich also bitte *ganz konkret* vor, von nun an jeden Tag grundsätzlich schon um 17:30, statt wie bisher um 18:00 nach Hause zu fahren, um mit Ihren Kindern zu spielen – orientieren Sie sich bei der Formulierung Ihres Vorhabens an den folgenden Beispielen.)

Wie Sie Vorhaben positiv und konkret formulieren		
Negativ formuliert	**Positiv formuliert**	**Konkret formuliert**
»weniger arbeiten«	»früher nach Hause fahren«	»täglich um 17.00 Uhr«
»nicht mehr in die Luft gehen«	»ruhig und gelassen reagieren«	»erst dreimal tief durchatmen, bevor ich reagiere«
»weniger rauchen«	»nur noch eine bestimmte Anzahl Zigaretten rauchen«	»täglich maximal fünf Zigaretten rauchen«
»nicht mehr so ungesund essen«	»mich gesünder ernähren«	»nur noch Produkte vom Bio-Laden usw.«

Und bitte denken Sie daran, mit Ihrer positiven und konkreten Formulierung auch Ihre *Entschiedenheit* zum Ausdruck zu bringen, um nicht in der Falle der »ewigen Versucher« zu landen (siehe Teil II, Seite 59). Also nicht: »Ich werde *versuchen*, von nun an täglich um 17:00 nach Hause zu fahren«, sondern: »Ich will/werde …«. Dann hat Ihr Schweinehund weniger Chancen, den Vorsatz als Leckerbissen zu verspeisen.

Konkret messbar

Wie soll ein Versandhaus liefern, wenn keine *konkrete* Bestellung eingeht? Auch Ihr Gehirn kann Ihre Anweisungen nicht ausführen, wenn Sie nur »mehr« oder »weniger« von etwas bestellen. (Warum solche Befehle im Komparativ nicht ausführbar sind, wurde schon bei der *Nebeltaktik* der Schweinehunde dargestellt.) Woran wollen Sie außerdem erkennen, ob Sie Ihr Ziel erreicht haben? Woher wissen Sie, ob Sie es endlich geschafft haben, »mehr« für Ihre Gesundheit zu tun? Im Klartext heißt das: *Was Sie nicht messen können, können Sie auch nicht überprüfen!* Also:

Setzen Sie sich eindeutig formulierte, messbare Ziele.

Je *präziser* Ihre Ziele also sind, desto geringer die Chancen Ihres inneren Schweinehundes, Sie auszutricksen oder Ihre Absicht zu vernebeln. Im Gegenteil: Oft wird er dann gar nicht erst versuchen, Ihnen ins Handwerk zu pfuschen. Denn wenn Sie sich mit dem konkret messbaren Vorsatz gleichzeitig nicht überfordern, weil Sie beispielsweise jeden Tag nur zehn neue Vokabeln einer Fremdsprache lernen, findet er das vielleicht gar nicht so wild (weil »machbar«) und lässt Sie in Ruhe büffeln, während er ein Nickerchen macht. In dem Bewusstsein: Keine Gefahr, dass mein Herrchen

oder Frauchen sich übernimmt, bei nur zehn Vokabeln am Tag! (Womit Sie übrigens schon nach drei Monaten bei etwa 900 Wörtern, dem Grundwortschatz einer Sprache, wären!)

Schriftlich terminiert

»No date – no love!« Frisch Verliebte vereinbaren ein Rendezvous: Sie warten nicht darauf, den geliebten Menschen zufällig irgendwo wieder zu treffen. Sie verabreden sich vielmehr zu einer festen Zeit an einem bestimmten Ort. Und es ist ziemlich unwahrscheinlich, dass einer von beiden seinen »Schatz« versetzen wird.

Ihr »Schatz« ist Ihr Vorsatz! Tun Sie also das Gleiche, machen Sie ein »Date« mit ihm, sonst haben Sie wenig Chancen in dieser »Affaire«! Wenn Sie Ihren Vorsatz wirklich lieben und aus tiefstem Herzen an ihn glauben, dann werden Sie das auch tun, und was Sie treibt, ist Ihre Sehnsucht, ihn zu verwirklichen. Und gegen ein festes »Date« hat in der Regel auch Ihr Schweinehund nichts einzuwenden – wenn Sie gern zu dieser »Verabredung« gehen und sie sinnvoll und machbar ist!

Ohne feste Verabredung, ohne »Date« kommen Sie morgens wahrscheinlich gar nicht aus den Federn. »Wozu auch?«, flüstert Ihr kleiner Schweinehund, »komm, lass uns weiterschlafen, es ist doch so gemütlich im Bett.« – »Nein, ich hab ein Date!« – »Ehrlich?« – »Ja, ich will joggen!« – »Was du nicht sagst! Ohne dich dabei zu überfordern?« – »Ja, nur 20 Minuten. Tut mir wirklich gut und ich hab sogar Lust dazu!« – »O.K., geh du nur laufen, ich schlaf noch 'ne Runde. Weck mich, wenn du einen neuen Vorsatz hast, der interessanter ist, ich bekomm langsam Hunger!«

Sie wollen joggen? – nicht ohne Ihren inneren Schweinehund!

Feste Termine sind überlebenswichtig zur Verwirklichung Ihrer Vorhaben! Denn ohne Termine hat der Schweinehund die Macht.

Setzen Sie sich dabei nicht nur einen festen *Endtermin* (die so genannte *Deadline*), wenn es um eine größere Aufgabe geht, die Sie nach der »Salamitechnik« angehen. Legen Sie auch *Zwischentermine* fest, bis zu denen Sie konkrete Teilziele verwirklicht haben wollen, und *Einzeltermine* für jeden Tag. Es ist eine große Hilfe, wenn ich beispielsweise als Studierender an den Schreibtisch gehe und weiß, dass ich jetzt, von 10:15 bis 11:00, in meinem Lehrbuch XY nur den Stoff von Seite 185 bis 198 zu lernen habe. Und wenn ich morgens meinen Tagesplan und meine Aufgaben überschauen kann, wird es mir viel leichter fallen aufzustehen. Und noch ein Rat: Planen Sie nicht nur im Kopf, sondern *tragen Sie Ihre Termine* in Ihren Timer, Ihr Zeitplanbuch oder Ihren Kalender *ein*, wie jeden anderen beruflichen Termin auch.

Hier ein paar bewährte Tipps, wie Sie Ihre Terminierung gegen eventuelle Attacken Ihres inneren Schweinehundes immunisieren können:

Planen Sie unbedingt Spielräume und Pufferzeiten ein. Schätzen Sie den erforderlichen Aufwand eines Vorhabens und reservieren Sie *mindestens ein Drittel mehr Zeit*, in manchen Fällen sogar lieber die doppelte Zeit! Die Erfahrung zeigt, dass wir oft dazu neigen, die Dauer vieler Dinge weit zu unterschätzen. Nur zu leicht denken wir, dass das Ausmisten des Kellers höchstens einen Tag dauert. Und ich frage Sie: In welcher Situation sind Sie dann mit sich zufriedener? Wenn Sie am Ende des Samstags, den Sie zum Entrümpeln Ihrer Verliese reserviert haben, feststellen müssen, gerade mal die Hälfte geschafft zu haben, oder wenn Sie gleich noch den Sonntag als Pufferzeit mit eingeplant haben, um dann vielleicht doch, wider Erwarten, am Abend des ersten Tages zu merken, dass Sie schon 80 Prozent aufgeräumt haben? Ich vermute, die zuletzt genannte Variante könnte Sie so stark motivieren, dass Sie mit Ihrem Keller voller Begeisterung bis nachts um zwei weitermachen, um dann am Sonntag Ihren Sieg über das Chaos gebührend zu feiern!

Planen Sie genügend Pausen und Freizeit ein. Wer nicht ausreichend Pausen einlegt und sich keine Freizeit lässt, um zu regenerieren, zu entspannen und zu genießen, arbeitet nicht nur schnell mit halb leerem »Akku« und mit wenig Freude, sondern er wird es auch dauernd mit seinem Schweinehund zu tun bekommen, der ihn nach Strich und Faden zu sabotieren versuchen wird. Wenn Sie dagegen ausreichend für »Luft« und Freizeitmöglichkeiten sorgen, so hat er wenig Veranlassung, Sie zu bremsen. Doch auch dies will geplant sein – von selber ergeben sich diese Freiräume, vor allem bei »Dauerleistungstypen«, meistens nicht. Neil Fiore, Autor des Aufschieber-Ratgebers *The NOW Habit*, empfiehlt sogar, bei der Wochenplanung mit dem Eintragen der Freizeit zu beginnen! Eine verrückte Idee, nicht wahr? Aber eine absolut »schweinehundgerechte«! Versuchen Sie es doch einfach mal! Ich kenne jemanden, der Sie dann bei Ihrer (früher oft aufgeschobenen) Planung schwanzwedelnd und zufrieden grunzend unterstützen wird!

Planen Sie Belohnungen ein. Wenn das (Zwischen-)Ziel erreicht ist, darf man sich ruhig etwas Gutes oder Schönes gönnen – sei es die Flasche Champagner, ein Kinobesuch, der Kauf eines besonderen Kleidungsstücks, ein Essen in einem guten Lokal oder gar, bei größeren Vorhaben, eine Reise mit Ihrem Partner nach Paris. Sagen Sie sich (und schreiben Sie es auf!): »Wenn ich meine Steuererklärung gemacht habe, gönne ich mir einen Wellness-Nachmittag mit Massage im Fitnesscenter.« Die Vorfreude darauf *motiviert* Sie nicht nur *auf dem Weg* zu Ihrem Ziel. Die Planung vergrößert auch die Chancen, dass Sie dann auch *wirklich feiern* und sich die Belohnung tatsächlich gewähren, statt sofort zum nächsten Ziel durchzustarten oder sang- und klanglos zur Tagesordnung überzugehen!

Geben Sie allen Vorhaben, bei denen Sie mit Widerständen Ihres Schweinehundes rechnen müssen, bereits bei der Planung die Priorität Nummer 1. Lassen Sie Ihr Vorhaben wie bei einem Autorennen in »Poleposition« starten. Schweinehund-Angelegenheiten erledigen Sie am besten in bevorzugter Stellung *gleich am Anfang des Tages*, wenn Sie über die meisten inneren und zeitlichen Ressourcen verfügen. Egal, ob es sich um den täglichen Lauf oder um die Beantwortung eines schwierigen Briefes handelt. Außerdem beflügelt Sie das Erfolgserlebnis für die Bewältigung Ihrer weiteren Tagesaufgaben ganz anders, als wenn Sie den ganzen Tag daran denken, dass Sie noch einen Schweinehund-Termin haben. Wenn es am Morgen absolut nicht klappt, so reservieren Sie eine andere »geschützte Zeit« für Ihr Vorhaben, möglicherweise auch erst am Abend oder am Wochenende. Aber bedenken Sie: Es ist besser, Sie lassen etwas anderes »sausen« (das nicht beruflich oder privat »überlebenswichtig« ist), als eine Schweinehund-Angelegenheit dem Zeitdruck zu opfern. Oder salopp formuliert: Schweinehund-Angelegenheiten haben Vorfahrt!

Jill, eine Seminarteilnehmerin, berichtete, wie sehr sie einstmals unter ihrer Schreibfaulheit gelitten hatte. Ständig kämpfte sie mit ihren »Briefschulden«, und ihr Schweinehund schien sie mit allen möglichen Ausreden davon abzuhalten, auch nur eine Postkarte zu schreiben. Der Berg unbeantworteter Korrespondenz wurde immer höher, und ihr kleiner Saboteur hatte es leicht, der Angelegenheit die Etikette »Das-ist-sowieso-nicht-mehr-zu-schaffen« aufzudrücken. Am Höhepunkt ihrer Unzufriedenheit beschloss sie, das Problem in kleinen Schritten zu lösen: jeden Tag an einen Menschen zu schreiben, sei es auch nur eine Postkarte mit den Worten »Ich denk an dich! – Jill«, und zwar als Erstes am Morgen. Ein halbes Jahr lang räumte sie diesem Vor-

haben Priorität 1 ein, dann war es ihr so zur Selbstverständlichkeit geworden, dass sie das Schreiben auch mal während des Tages in irgendeiner Pause erledigte. Und wenn sie einmal angefangen hatte, wurde oft auch ein langer Brief daraus. Ja, in der Tat, sie schrieb 365 Briefe und Postkarten im Jahr. Ihr Schweinehund? Der schien es gar nicht gemerkt zu haben. Vielleicht war der am Morgen noch so verschlafen, dass er gar nichts einzuwenden hatte. Überhaupt war der Trick, neue Vorhaben in kleinen »Häppchen« auf Priorität 1 zu setzen, für sie der Schlüssel, etliche Veränderungen in ihrem Leben vorzunehmen.

Verleihen Sie Ihrem Vorhaben Präsenz. Wenn Sie eine Schweinehund-Angelegenheit tatsächlich zur Herzensangelegenheit erheben wollen, dann verschaffen Sie ihr *Präsenz*! Versuchen Sie sich an ein wichtiges Vorhaben so oft wie möglich im Laufe des Tages zu erinnern: Heben Sie den Eintrag in Ihrem Terminkalender mit Leuchtstift hervor, kleben Sie Merkzettel an die verschiedensten Stellen (in Ihr Notebook, ins Auto, in Ihren Reisekoffer, in Ihre Geldbörse, ans Telefon, ins Bad oder in die Küche) oder hängen Sie sich ein Schild über Ihren Schreibtisch oder Ihr Bett. Bei lebensbereichernden Verhaltensänderungen hilft es oft, ein Buch zum Thema zu lesen. So kann beispielsweise ein Werk über gesunde Ernährung in Zeiten, in denen Sie abnehmen wollen, eine Unterstützung darstellen. Eine gute Methode ist auch das Aufstellen einer Figur, die Ihre Vorhaben symbolisiert. Kurz: Je präsenter Ihr Vorsatz in Ihrem Denken ist (aber bitte, ohne sich darauf zu fixieren!), desto weniger wird es dem inneren Saboteur gelingen, uns schlicht und ergreifend vergessen zu lassen, was wir eigentlich wollten!

Hier nochmals zusammenfassend, worauf es ankommt:

1. Terminieren Sie schriftlich! Und zwar, indem Sie sich *Einzeltermine*, *Zwischentermine* und *Endtermine* setzen.
2. Unterstützen Sie Ihr Vorhaben durch das Einplanen von
   - *Spielräumen* und *Pufferzeiten*,
   - *Pausen* und *Freizeit* sowie
   - *Belohnungen.*
3. Verschaffen Sie Ihrem Vorhaben *Priorität Nummer 1* und *Präsenz.*

Mit leuchtendem Zielbild und innerem Film

Wenn Sie Ihr »machbares« Vorhaben positiv formuliert, messbar fixiert und terminiert haben, so benötigen Sie zunächst noch ein *klares Bild* davon, bevor Sie endlich loslegen können. Stellen Sie sich vor Ihrem geistigen Auge genau vor, wie Ihr Keller aussehen wird, wenn Sie ihn aufgeräumt haben. Wie werden Sie sich in drei Monaten fühlen, wenn Sie täglich gelaufen sind und schon sieben Kilogramm abgenommen haben? Wie wird das sein, wenn Sie Ihre Toppräsentation vorgestellt haben und alle applaudieren? Malen Sie sich in bunten Farben aus, wie es Ihnen dann gehen wird, wie erleichtert und stolz Sie sich dann fühlen werden! Denn:

Je leuchtender Ihr Zielbild, desto schwächer der Widerstand Ihres Schweinehundes.

Und warum ist das so? Wir wissen inzwischen ja, dass Schweinehunde rationalen Überlegungen nur schwer zugänglich sind, sie folgen nicht primär dem Intellekt, sondern den Gefühlen (daher

»Häppchenweise« zum Erfolg – da hilft auch der Schweinehund gern mit!

siegen ja im Streit zwischen Intellekt und Gefühl auf Dauer meist die Gefühle). Und: *Innere Bilder erzeugen Gefühle*. Je strahlender Ihr Zielbild, desto positiver werden die Emotionen sein, die Sie damit verbinden – und desto stärker auch die Wirkung auf Sie *und* Ihren Schweinehund! Bedenken Sie also: *Schweinehunde lassen sich eher durch bunte und leuchtende Bilder überzeugen als durch rationale Argumente!*

Je kraftvoller Ihr Zielbild, umso größer ist auch die Wahrscheinlichkeit, dass es Wirklichkeit wird! – Zu Beginn der Computerentwicklung war der Schritt zur so genannten WYSIWYG-Technik ein großer Durchbruch. WYSIWYG steht für: »What you see is what you get« und bedeutet, dass *Sie das* (ausgedruckt) *bekommen, was Sie* (am Bildschirm) *sehen*. Heute eine Selbstverständlichkeit, damals ein großer Fortschritt! Mit unserem Gehirn ist es ähnlich: Auch hier gilt WYSIWYG. *Was Sie (vor Ihrem geistigen Auge) sehen, ist das, was Sie (in Ihrem Leben) erhalten!* Ihre inneren Bilder bestimmen Ihre Gefühle und dadurch auch das Ergebnis Ihrer Bemühungen. Nehmen Sie die Gefühle vorweg und nutzen Sie sie als Schubkraft für Ihre Motivation!

Doch gehen Sie am besten noch einen Schritt weiter: Malen Sie sich nicht nur ein leuchtendes Zielbild aus, sondern »drehen« Sie zusätzlich einen *inneren Film*, und zwar darüber, *wie* Sie Ihr Ziel erreichen, was Sie alles im Einzelnen tun werden. Je detaillierter der Film, umso besser!

> Haben Sie mal beobachtet, wie sich Slalomfahrer auf ihr Skirennen vorbereiten? Sie gehen langsam und konzentriert entlang der gesteckten Slalomtore. Dann stellen sie sich in ihrem »Gehirnkino« als inneren Film vor, wie sie diesen Hang durch die Tore hinunterfahren. Immer und immer wieder! Und wenn sie dann an den Start gehen, sind sie das Rennen im Geiste schon unzählige Male gefahren. Ihr komplettes Nervensystem ist darauf programmiert, sie müssen es nur noch körperlich

nachvollziehen – und ihr Körper wird nahezu automatisch dem innerlich gespeicherten Film folgen.

Diese Technik können auch Sie in Ihrem Alltag nutzen, indem Sie sich, bevor Sie zur Tat schreiten, so genau wie möglich vorstellen, was Sie alles tun werden, wie Sie vorgehen wollen – und wie am Schluss das Erreichte aussehen wird. Diese Technik hat übrigens auch mir sehr geholfen, mein »Garagen-Aufräum-Syndrom« aufzulösen.

Als ich an jenem Samstagmorgen um 7:00 aufstehen wollte, merkte ich sofort, dass es zu einem schweren Kampf mit meinem Schweinehund kommen würde. Der wollte noch mindestens eine Stunde in den Federn liegen bleiben. Also begann ich, noch im Bett liegend, die Garage in Gedanken zu entrümpeln und auszuräumen. Ich überlegte, was ich tun würde, welche Sachen zum Sperrmüll sollten, wie ich diese ins Auto packen würde, in welcher Weise ich die sonstigen Gegenstände in der Garage sortieren, an den Wänden befestigen oder in die Regale einordnen wollte – bis ich ein klares Bild der aufgeräumten Garage vor mir hatte. Als der bunte Film in meinem Kopf fertig war, hatte mein Schweinehund keine Chance mehr, und als ich eine Stunde später mit der Aufräumaktion begann, war der Großteil der Arbeit mental schon getan. Der Rest war nur noch Vollendung (weshalb ich auch viel schneller fertig war, als ich es immer gedacht hatte).

Auch dieses Beispiel zeigt eindeutig:

Je detaillierter der innere Film, desto schneller und einfacher die Umsetzung in die Tat!

Schritt 3: Die Ausführung

Bei der Ausführung des Vorhabens geht es vor allem um *zwei entscheidende Momente*: zum einen um den *Start* und zum anderen um das *Durchhalten in »schwachen Augenblicken«*. Wie bereits dargestellt, sind unsere Vorhaben gerade in diesen beiden Phasen besonders anfällig für eventuelle Sabotageakte des inneren Schweinehundes.

Beginnen Sie möglichst sofort!

Je schneller Sie den ersten Schritt tun, umso besser! Der erste Schritt ist das wichtigste Investment der Ausführung.

Am besten, Sie fangen einfach schon mal an, auch ganz spontan und ungeplant, um dadurch *einen Vorsprung vor Ihrem Schweinehund zu gewinnen*. Noch bevor er so richtig gemerkt hat, was geschehen ist, sind Sie schon losgelaufen und so (wenn auch nur vorübergehend) aus der Reichweite seiner Einwände gelangt. Das erste Erfolgserlebnis, das Sie auf diese Weise in Ihrem Nervensystem verankern, kann Ihnen dann als Bollwerk gegen spätere Attacken Ihres inneren Begleiters dienen.

Einfach so? – Ja, *einfach so*! – In manchen Fällen kann es gut sein, auch ohne genaues Konzept schon mal eine erste Tatsache zu schaffen, auch wenn diese vielleicht nicht perfekt ist oder nur einen sehr kleinen Schritt auf einem noch langen Weg darstellt. Haben Sie auch mal den Mut zur In-Perfektion! Der Anspruch auf vollkommene Ergebnisse ist eine der Hauptursachen für wiederholtes Aufschieben. Anders ausgedrückt:

Machen Sie lieber eine Sache nur zu 80 Prozent gut, als dass Sie sie zu 100 Prozent gar nicht machen!

Fangen Sie einfach an! Springen Sie auch mal spontan ins kalte Wasser. Schweinehunde bleiben dann meist am Ufer, da sie kaltes Wasser hassen. – Und wenn Sie sich noch nicht »ganz sicher« sind? Versuchen Sie doch mal, so zu tun, als wären Sie sicher. Packen Sie's an, Sie könnten eine wichtige Erfahrung machen!

Beginnen Sie auch dann, wenn Sie meinen, »noch nicht so richtig in Stimmung« zu sein! Handeln Sie *auch ohne Laune zum Handeln*! Viele Menschen glauben, Motivation führe zu Aktion. Das mag schon stimmen, doch gilt auch die Umkehrung: Aktion bewirkt oft Motivation! »Der Appetit kommt beim Essen«, sagt der Volksmund, vor allem, wenn wir auch noch die Erfahrung machen, dass alles viel leichter ist, als wir vorher vermutet haben! Aktion ist übrigens auch eines der besten Mittel gegen depressive Verstimmung. Sie sind nicht in Stimmung? Okay, dann tun Sie was!

Wenn Sie im Übrigen bei Ihrer Planung dafür gesorgt haben, sich den Anfang so leicht wie möglich zu machen (wegen der »Machbarkeit«!), dann wird es Sie auch nicht so viel Überwindung kosten, den ersten Schritt zu tun. Und Sie müssen nicht mit so großen Störaktionen Ihres Schweinehundes rechnen.

Natürlich könnte Ihr Schweinehund, nach der Lektüre der bisherigen Ausführungen, Ihnen plötzlich zuflüstern: »Halt! So einfach loslegen, das geht doch nicht! Du musst doch erst mal richtig das Ziel formulieren, einen detaillierten und terminierten Plan erstellen ...« Für die gesamte Durchführung eines größeren Vorhabens stimmt das auch prinzipiell. Aber wenn Ihnen spontan einfällt, dass es mit einem Freund noch etwas zu klären gibt (was Sie schon seit langem vor sich herschieben), und Sie wirklich das Bedürfnis haben, die Angelegenheit endlich zu bereinigen, dann kann es besser und sinnvoller sein, sofort einen Brief an ihn zu schreiben oder zum Telefonhörer zu greifen, als dies erst aufzuschreiben und zu terminieren ... Oder: Sie entscheiden, Ihr Haus zu entrümpeln. Gut so! Vielleicht fangen Sie sofort damit an, und wenn Sie nur die ersten Kisten mit Plunder zum Sperrmüll bringen. Den ersten

Schritt haben Sie dann schon mal getan! Den strategischen Gesamtplan können Sie immer noch am Abend bei einem Glas Wein oder Tee erstellen!

Auf diese Weise hat auch Anita ihren Computer-Schweinehund gezähmt (Sie erinnern sich? Der Schweinehund mit den vielen Ausreden, warum Computer und Internet nichts für Anita seien). Als sie vom Seminar nach Hause kam, schaltete sie ihren Laptop einfach ein, ließ sich kurz von ihrem Freund zeigen, wie man ein Word-Dokument aufruft, und schrieb ohne große Überlegung eine Zeile. Einfach so! Von da an schrieb sie täglich mindestens eine Zeile und lernte jedes Mal mindestens eine weitere Funktion dazu (oft auch mehr). Nach wenigen Wochen konnte sie die für sie wichtigsten Arbeiten problemlos am Computer erledigen. Doch der wirkliche Durchbruch war für sie der erste Schritt: ohne große Vorbereitung einfach einschalten und schreiben!

Die Kurzformel könnte also statt »AT&T« (Aufschreiben, Terminieren und Tun) in manchen Fällen auch nur »GT« lauten: GLEICH TUN!

Durchhalten und weitermachen!

Die Gefahr, ein schon begonnenes Vorhaben wieder aufzugeben, besteht eigentlich nur bei größeren Aktionen, die sich nach der »Salamitaktik« über einen längeren Zeitraum erstrecken – oder bei Verhaltensänderungen, bei denen Sie gegen alte Gewohnheiten ankämpfen. Für die Letztgenannten gibt es im Abschnitt »Kontrolle der Zwischenergebnisse«, Seite 175, noch besondere Schweinehund-Strategien. Hier ein paar generelle, bewährte Ratschläge zum Durchhalten:

Geben Sie bitte nie aus einer momentanen Laune heraus ein Vorhaben ganz auf! Schmeißen Sie die Flinte nie im Affekt ins Korn! Bestimmen Sie allenfalls *Etappentermine*, zu denen Sie nochmals überlegen können, ob Sie eine begonnene Sache wirklich durchziehen wollen.

Angenommen, Sie wollen in der Fastenzeit von Aschermittwoch bis Ostern aus Gesundheitsgründen auf jeglichen Fleisch- und Wurstverzehr verzichten. Dann kann es passieren, dass es Sie nach neun Tagen »plötzlich überkommt«, Sie einen Heißhunger auf Salami verspüren und Ihr Schweinehund Ihnen alle möglichen Ausreden anbietet, warum diese »Selbstkasteiung« nun wirklich nichts bringt.

Verschieben Sie in einem solchen Fall die wichtige Entscheidung, ob Sie Ihren Entschluss wirklich aufgeben wollen, auf den nächsten Tag oder auf den Sonntag, falls Sie den Sonntag als »Revisionstag« für sich definiert haben (als den einzigen Tag also, an dem Sie Entscheidungen revidieren können). Es kann ja sein, dass es für Sie wirklich nicht das Richtige ist, für einen so langen Zeitraum auf Fleisch ganz zu verzichten. Nur: *Entscheiden Sie dies rational* und nicht aus der Laune eines schwachen Momentes heraus. Für solche Entscheidungen ist der Schweinehund nämlich nicht der richtige Ratgeber.

Üben Sie sich darin, auch einmal negative Gefühle auszuhalten! Es ist nicht nötig, sofort vor ihnen zu fliehen. Versuchen Sie, diese einfach nur wahrzunehmen und trotzdem Ihren Plan einzuhalten, ohne dem verlockenden Ruf nach Ersatzaktivitäten zu folgen -mag Sie der Fernseher auch noch so stark rufen! Wenn der »Sog« extrem stark wird, empfiehlt Hans-Werner Rückert in seinem Buch *Schluss mit dem ewigen Aufschieben. Wie Sie umsetzen, was Sie sich vornehmen*: »Fragen Sie sich, ob Sie wirklich *müssen, jetzt* und *sofort*!« – Müssen Sie tatsächlich genau jetzt fernsehen? Nein, es handelt sich nur um einen Vorwand Ihres Schweinehundes, um schnell mal aus dem Vorhaben aussteigen zu können. Heben Sie sich die »süße Verführung« als Belohnung auf! Dann können Sie später genießen, was Sie jetzt nur mit halbem Herzen, also mit Gewissensbissen tun würden.

Wenn Ihnen etwas zu anstrengend wird, so schalten Sie einen Gang zurück: Verlangsamen Sie das Tempo oder reduzieren Sie Ihr Pensum, das heißt, schneiden Sie Ihr Projekt in noch dünnere »Salamischeiben«!

Nur wenn es mal wirklich nicht mehr geht, dann schmeißen Sie alles hin – aber nur für diesen Tag! Wenn also bei der 17. Etappe alles schief läuft, Ihre Stimmung völlig im Keller ist und Ihr Schweinehund Ihnen rät, alles hinzuschmeißen, ja dann – und nur dann! – dürfen Sie eine kurze »Pause« einlegen. Weinen Sie sich bei einer vertrauten Person aus oder gönnen Sie sich etwas Gutes – aber machen Sie am nächsten Tag weiter, als wäre nichts gewesen! Das war dann keine »Ausnahmefalle«, sondern eine sinnvolle Unterbrechung auf einem längeren Weg! Mit der Zeit werden Sie immer schneller erkennen, wann Ihr Schweinehund Sie (zu Recht) vor Überanstrengung bewahren will und eine Pause wirklich fällig ist – und wann er Sie nur verführen will, um Ihren Vorsatz zu verspeisen.

Vergleichen Sie sich nicht mit anderen! Denn an dieser Klippe ist bereits manch guter Ansatz zerschellt. Und wenn Sie doch einmal nicht anders können: Dann ziehen Sie für einen Vergleich zumindest nicht die falschen Personen heran!

- Vergleichen Sie sich nicht mit viel Besseren! Denn *das zieht Sie runter*!
- Vergleichen Sie sich nicht mit denen, die aufgeben oder aussteigen! Denn *das zieht Sie raus*!
- Wenn Sie sich schon vergleichen (und sich an anderen orientieren), dann vergleichen Sie sich mit denen, die durchhalten und am Ball bleiben! Denn *das zieht Sie mit*!

Schritt 4: Kontrolle der Zwischenergebnisse

Die beste Planung hilft Ihnen nichts ohne *Kontrolle*. Und die Kontrolle hat für Sie einen *Doppeleffekt*: Zum einen gewinnen Sie eine *Orientierung*, wie weit Sie mit Ihrem Vorhaben schon sind. Sie werden erkennen, was zur Erreichung des Ziels noch fehlt und wie Sie Ihren Plan gegebenenfalls anpassen müssen, falls er sich als zum Teil unrealistisch erwiesen hat (und seien Sie ganz beruhigt: Fast jeder Plan muss von Zeit zu Zeit den Gegebenheiten angepasst werden!). Zum anderen wird es jedes Mal Ihre *Motivation* verstärken, wenn Sie sich Ihrer bisherigen Teilerfolge bewusst werden. Notieren Sie Ihre erreichten Zwischenergebnisse in einem »Erfolgstagebuch« oder besser noch: *Visualisieren Sie Ihren Fortschritt!* Verschriften Sie Ihr Vorhaben samt Etappenziele und hängen Sie dies an eine Pinnwand oder Magnettafel. Markieren Sie dann Ihre Erfolge in Farbe, sodass Sie sie immer wieder vor Augen haben.

Angenommen, Sie haben sich vorgenommen, regelmäßig zu laufen, dann tragen Sie Ihre tägliche Laufleistung in ein Kurvendiagramm ein. So haben Sie stets vor Augen, wie Sie Ihre Laufdauer

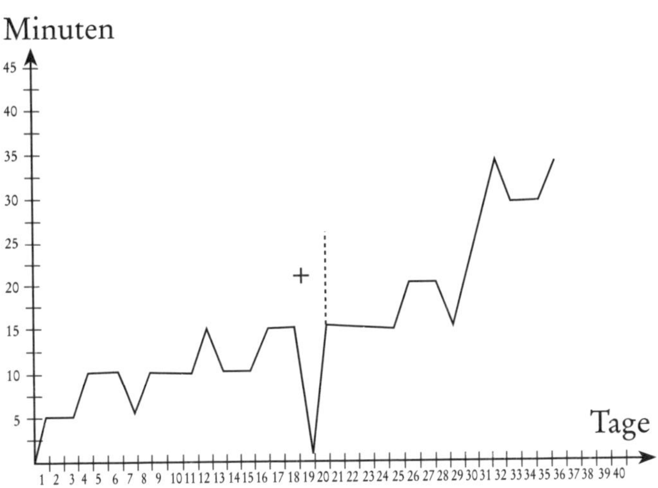

langsam steigern. (Da Sie am 19. Tag eine Ausnahme machen mussten, sind Sie am folgenden Tag morgens 15 Minuten und abends wenigstens nochmals 10 Minuten gelaufen.)

Noch wirkungsvoller kann es in den ersten Wochen sein, Ihre Teilerfolge zu addieren. Durch die Kumulierung Ihrer Einzelleistungen steigt die Kurve noch stärker an, was die Motivation gerade in der schwierigen Anfangsphase nochmals steigern kann.

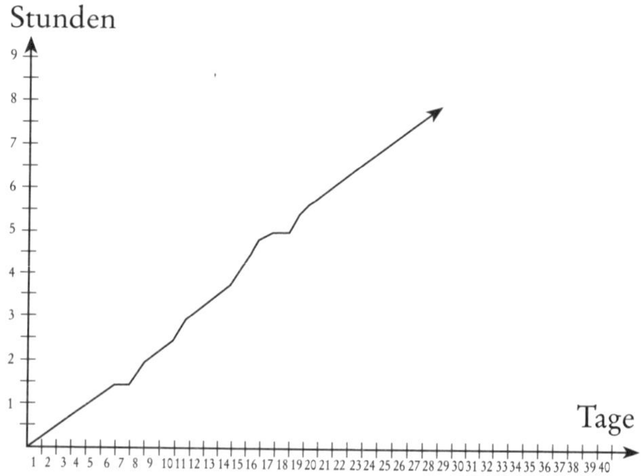

Es ist sehr befriedigend und erfüllend, wenn Sie in Lebensbereichen, deren Veränderung Sie bisher Überwindung kostete oder in denen Sie immer wieder vor Ihrem inneren Schweinehund kapituliert haben, langsam Fortschritte machen. Wenn Sie sehen, wie Sie vorankommen! Seien es auch noch so kleine Schritte: Führen Sie sich diese immer wieder vor Augen und nutzen Sie die Ressourcen der Visualisierung! Davon lässt sich auch Ihr kleiner Schweinehund beeindrucken! Zeigen Sie's ihm!

Schritt 5: Belohnung nicht vergessen!

Versäumen Sie nicht zu *feiern*, wenn Sie Ihr Ziel erreicht haben – und das gilt genauso für kleinere Etappenziele. Betrügen Sie sich niemals um die versprochene Belohnung, das würde Ihnen Ihr Schweinehund aufs Schwerste verübeln! Da kennt er kein Pardon. Was versprochen wurde, muss gehalten werden. Sonst wird er sich beim nächsten Vorhaben auf die Bremse setzen. Im Gegenteil: Je besser Sie sich belohnen, je öfter Sie sich beispielsweise eine Erholungspause und Entspannung gönnen, umso eher wird er geneigt sein, Sie auch beim nächsten Projekt in Ruhe zu lassen. Klopfen Sie sich ruhig auf die Schulter, Sie haben ausreichend Grund dazu, stolz auf sich zu sein! Bloß keine falsche Bescheidenheit (Sie brauchen deswegen ja noch lange nicht übermütig zu werden)! Gegen die weit verbreitete Tendenz, sofort weiterzumachen und Erfolge unter den Tisch zu kehren, geht seit vielen Jahren die Schweinehunde-Vereinigung e. V. mit Sabotageakten erfolgreich vor. Sicheres Gegenmittel: Feiern Sie und belohnen Sie sich!

Die folgende Übersicht zeigt nochmals zusammenfassend das in diesem Kapitel dargestellte Rüstzeug in fünf Schritten – damit auch wirklich nichts schief geht!

Strategisches Rüstzeug in fünf Schritten

1. Treffen Sie eine eindeutige **Entscheidung,** indem Sie
   - eine Liste aller Vorhaben anlegen
   - und bewusst entscheiden (unter Umständen mit Vor- und Nachteileliste).

   Es geht also darum, wirklich zu wissen, warum und wie Sie etwas tun!

2. Bereiten Sie mit einer klaren **Zielplanung** den Start vor:
   - realistisches und machbares Ziel formulieren (»Das kann ich schaffen!« durch kleine Schritte, kleine Häppchen, den Anfang leicht machen);
   - Ziel »gehirngerecht«, das heißt positiv formulieren;
   - Ziel muss konkret messbar und überprüfbar sein;
   - Ziel schriftlich terminieren: mit Spielräumen und Pufferzeiten, mit Pausen und Freizeit, mit Belohnungen und vor allem mit Priorität 1 und Präsenz in Ihrem Leben;
   - leuchtendes Zielbild und inneren Film (WYSIWYG) »erstellen«.

3. Beginnen Sie möglichst sofort mit der **Ausführung** (einfach so und auch ohne in Stimmung zu sein) und halten Sie durch!

4. **Kontrollieren** und **Visualisieren** Sie Ihren Fortschritt!

5. Denken Sie an die **Belohnung** und das **Feiern**!

9.
Spezialtipps für dauerhafte Verhaltensänderungen

Dauerhaft eingeschliffene Verhaltensweisen ändern zu wollen ist oft ein schwieriges Unterfangen. Nur allzu leicht kommt einem da der Schweinehund in die Quere, denn Anstrengungen liegen ihm gar nicht. Wie Sie Ihrem treuen Freund mittels bewährter Strategien erfolgreich »einen Maulkorb verpassen«, erfahren Sie im Folgenden.

Warum Verhaltensänderungen vielen Menschen schwer fallen

Die Atmosphäre in dem kleinen französischen Bistro war gut. Das Essen schmeckte prima. Und das Gespräch war angeregt und in fröhlicher Stimmung verlaufen, bis Horst die verhängnisvolle Frage stellte: »Na, was macht denn dein neues Fitnessleben?« – Schlagartig verdüsterte sich Michaelas Miene und sie seufzte.

Vor nicht ganz acht Wochen hatte sie im Urlaub voller Begeisterung ein Buch über Gesundheit und Fitness gelesen und beschlossen, ihr Leben entscheidend zu verändern. »Wenn man das gelesen hat, kann man doch nicht mehr so träge weitermachen wie bisher und so viel ungesundes Zeug in sich reinfuttern!«, verkündete sie allen, die es hören oder nicht hören wollten. Michaela legte sich einen Hometrainer zu, auf dem sie sich fortan täglich 45 Minuten lang austobte, und ließ sich auch vom anfänglichen Muskelkater nicht bremsen. Sie stellte ihre Ernährung radikal um, auf Vollwertkost, Obst, Gemüse, viel Eiweiß und alle möglichen Vitamin- und Mineralpräparate – während sie Fette und Weißmehlprodukte und sonstige »Schadstoffe« von ihrem Speiseplan strich. Sie fühlte sich wie neugeboren! – Dann schlichen sich die ersten Ausnahmen ein: Tage, an denen sie nur 15 Minuten oder gar nicht trainierte. Dann schaffte sie es nur noch zweimal pro Woche, wenig später nur noch einmal. Bis ihr der bloße Anblick des Hometrainers ein so schlechtes Gewissen bereitete, dass sie ihn in den Keller stellte. Ähnlich verlief es mit der Ernährung: Schon bald dauerte ihr das Kochen von Vollkornreis viel zu lange – der Risotto ging halt viel schneller. Auch »Call-a-Pizza« war bequemer, als Gemüse zu schälen und in den Wok zu schnippeln. Immer häufiger aß sie in den Arbeitspausen *Junk Food*, ja sogar die Vitamin- und Mineralpräparate wurden nur noch sporadisch eingenommen.

Frustriert sah Michaela Horst über ihr Weinglas hinweg an: »Warum fällt es eigentlich so schwer, sein Leben zu verändern? Warum ist es fast unmöglich, von alten Gewohnheiten zu lassen und sich stattdessen ein neues, sinnvolleres oder gesünderes Verhalten anzueignen – und auch beizubehalten?«

Diesen und ähnlichen Fragen bin ich in meinen Seminaren und auch in meinem eigenen Leben immer wieder begegnet! Sei es das tägliche Joggen, die gesündere Ernährung, Bücher zu lesen, statt so viel fernzusehen, regelmäßiges Tagebuchschreiben oder mehr Zeit

Die kleine Ausnahme bei der Diät …

KAUF-
HAUS

für Familie und Freunde – es scheint einfach nicht zu genügen, dass wir uns klarmachen, wie nützlich und erfreulich eine bestimmte Sache für unser Leben wäre. Und es reicht leider in den meisten Fällen auch nicht, mit großer Begeisterung etwas Neues anzufangen. Viele Menschen geben nach einiger Zeit wieder auf – tatkräftig »unterstützt« von den Tröstungen ihres inneren Schweinehundes, der ihnen eine fantasievolle Auswahl an Ausreden anbietet.

Was die meisten Menschen nicht ausreichend berücksichtigen, ist die *Kraft unserer Gewohnheiten*, besser gesagt, ihre *Widerstands*kraft! Dies ist eine ungeheuer starke Kraft, die wir allerdings zumeist nicht bewusst wahrnehmen. Demzufolge neigen wir auch dazu, sie gewaltig zu unterschätzen. Und so erliegen wir ihr immer wieder. – Um damit auf eine andere Weise umgehen zu können, ist es sinnvoll, sich klarzumachen, wie diese Kraft in uns wirkt:

Wenn man mit einer neuen Tätigkeit beginnt, ist es häufig so, als würde man *gegen den Strom schwimmen*, gegen den Strom der vertrauten Gewohnheiten.

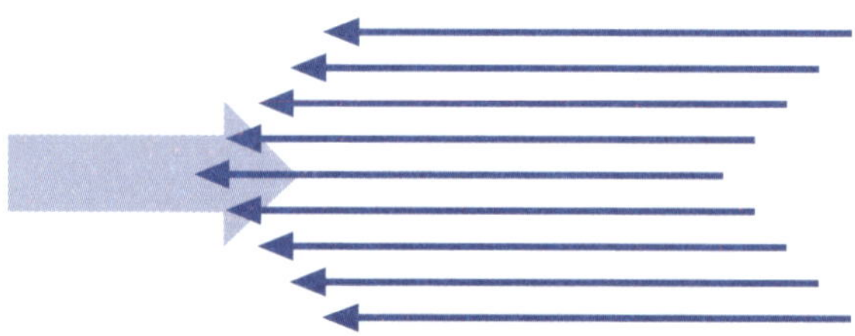

Neues Verhalten, mit dem man zunächst gegen den Strom der alten Gewohnheiten schwimmen muss

Dieses *Gegen-den-Strom-schwimmen-Müssen* ist äußerst ermüdend. Und so ist es kein Wunder, wenn viele Menschen mehr oder weniger schnell die Flinte ins Korn werfen und aufgeben. Verständlich, aber verhängnisvoll. – Erschöpft, wie wir uns fühlen, schließt uns unser Schweinehund wieder in die Arme.

So, das war die schlechte Nachricht ! Aber es gibt auch eine gute:

Dieses Problem besteht *nur am Anfang* und löst sich mit der Zeit in Wohlgefallen auf, ja, besser gesagt, in Wohlgefühl! Denn anders als bei einem Fluss, der seine Richtung nie ändern wird, können wir die Richtung, also den »Lauf unserer Programme« in unserem Nervensystem, ändern. Uns sozusagen umprogrammieren und damit unsere Gewohnheiten verändern. Voraussetzung ist allerdings, dass wir dabei die Gesetzmäßigkeiten und Eigenschaften unseres Nervensystems beachten. Nervensysteme mögen zwar hartnäckig erscheinen, aber sie sind keinesfalls »böswillig«. Sie sind durchaus fähig und willens umzulernen, man muss nur wissen wie!

> Stellen Sie sich vor, Sie gehen an einem strahlenden Sommermorgen über eine taufrische Wiese. Nach einer Weile drehen Sie sich um, blicken zurück und sehen die Spur, die Sie im nassen Gras hinterlassen haben. Doch die Wirkung dieser Spur ist nicht von langer Dauer: Schon nach kurzer Zeit wird sich das Gras wieder aufgerichtet haben, und es wird nicht mehr erkennbar sein, wo Sie die Wiese überquert haben. Nur wenn Sie immer wieder und immer auf genau derselben Trasse über die Wiese gehen, wird mit der Zeit ein kleiner – zunächst noch schmaler – Trampelpfad, später vielleicht sogar ein Weg entstehen.

Ähnlich funktioniert die Umprogrammierung Ihres Nervensystems: Wenn Sie einen neuen »Verhaltenstrampelpfad« anlegen wollen, dann müssen Sie immer wieder und stets an derselben Stelle, das heißt, *auf die gleiche Weise* und am besten *zur gleichen Zeit,* die neue Tätigkeit ausführen. Zum Beispiel jeden Tag zur selben Zeit auf derselben Laufstrecke joggen. Nach einer gewissen Zeit, wenn Sie einen neuen Trampelpfad in Ihrem Nervensystem angelegt haben, also eine neue Gewohnheit »implementiert« haben, dann schwimmen Sie nicht mehr gegen den Strom, sondern es ist Ihnen gelungen, seine Richtung zu ändern, und Sie schwimmen *mit dem Strom* der neuen Gewohnheit! Das sieht bildlich so aus:

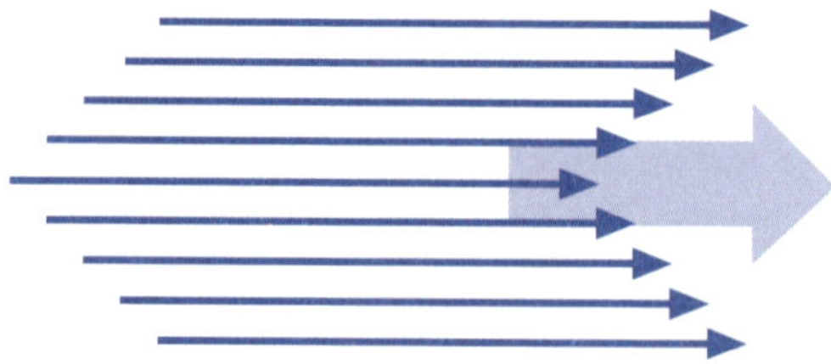

Achtung: Aller Anfang ist schwer – und zwar in doppelter Hinsicht. Zum einen ist das erforderliche Investment am Anfang besonders hoch. Schließlich schwimmen Sie ja noch gegen den Strom Ihrer alten Programmierung – oft ein gewaltiger Kraftakt. Zum anderen kann Ihnen gleichzeitig der »Return on Investment« (also die momentan spürbare Rendite in »Wohlgefühleinheiten«) noch relativ gering erscheinen. So können am Anfang beim Laufen Fußschmerzen, Atemprobleme und Muskelkater überwiegen, ohne dass Sie merken, was Sie für Ihre Gesundheit und Fitness wirklich tun. Wenn Sie sich zum Nichtraucher entwickeln wollen, dann kann es durchaus vorkommen, dass der Frust über den Mangel an Nikotin und der Verzicht auf die vertraute Geste – etwa das Anzünden einer Zigarette nach dem Essen – überwiegen, während die Verbesserung Ihrer Kurzatmigkeit nur schwach spürbar sein mag. Aber das ist eben nur der Anfang. Wenn Sie kontinuierlich weitermachen und am Ball bleiben, dann erreichen Sie bald den »magischen Punkt«, an dem sich das Verhältnis von Investment und Rendite umkehrt! (Jetzt haben Sie sozusagen den Trampelpfad angelegt und eine neue Gewohnheit geschaffen.) Von nun an wird es Sie nicht mehr so viel Selbstüberwindung und Kraft kosten, während der Profit für Ihr Wohlbefinden und Ihre Fitness stetig zunimmt. Jetzt haben Sie einen wirklich guten »Return on Investment«! Dieser »magische Punkt« ist dann gewissermaßen der Point of no Return: Jetzt wird es immer unwahrscheinlicher, dass Sie wieder umkehren, da die Rendite ständig steigt und der Selbstüberwindungsaufwand immer geringer wird! Das untenstehende Kurvendiagramm zeigt das sehr eindrücklich. Und auch Ihr Schweinehund hat schlechte Karten, Sie bei diesem Verhalten wieder auszutricksen – wenn er es überhaupt noch will, denn jetzt schwimmt er ja mit im Fluss der neuen Gewohnheit!

Wie das Diagramm veranschaulicht, sind neue Vorhaben gerade in der Anfangsphase bis zum magischen Punkt stark gefährdet. In dieser Phase sind wir den Attacken unseres inneren Feindes besonders ausgesetzt. Das offensichtliche Missverhältnis von Investment und Rendite liefert ihm eine Fülle von Argumenten, warum wir besser abbrechen, aufgeben und so schnell wie möglich die gewohnte Komfortzone wieder aufsuchen sollten. Diesen »Berg« in der Anfangsphase gilt es zu überwinden! Da wir in diesem »Gebirgszug« oft mit den hinterhältigsten Angriffen unserer Schweinehunde rechnen müssen, trägt er den Namen »Schweinehund-Rücken«!

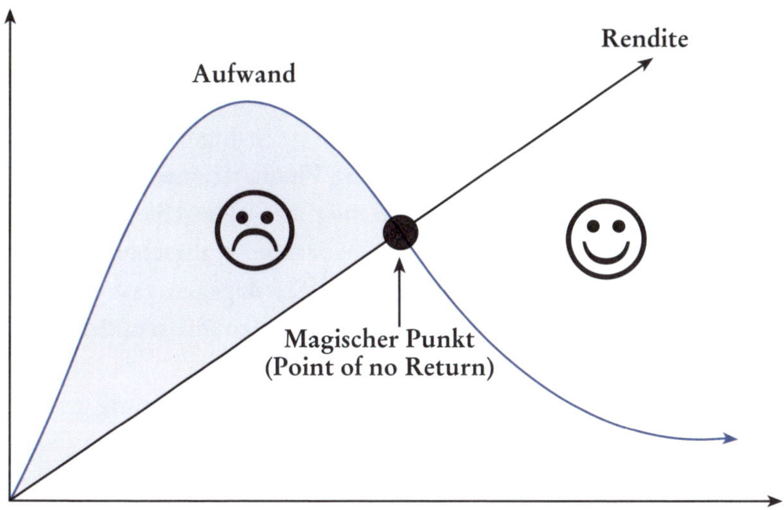

In der Phase des Schweinehund-Rückens mag die Rendite geringer sein als das Investment. Ab dem »Point of no Return« steigt der »Return on Investment«.

Bleibt die Frage zu beantworten, wann Sie sich sicher sein können, den Schweinehund-Rücken überwunden und den magischen Punkt erreicht zu haben. Eine ganz und gar berechtigte Frage übrigens. Denn es ist gut möglich, dass Sie immer wieder mal (vielleicht schon nach kurzer Zeit) das Gefühl haben, die Rendite sei bereits höher als der Kraftaufwand zur Selbstüberwindung. Genießen Sie das Gefühl – aber täuschen Sie sich nicht! Schon so mancher, der sich zu früh in Sicherheit wog, erlag einer unvermuteten Attacke seines Schweinehundes. – Im Allgemeinen, so heißt es in Fachkreisen, benötigt man vier bis sechs Wochen, um ein neues Verhalten fest zu »verankern«. Das mögen interessante Erfahrungswerte sein, letztlich kommt es aber nur auf Sie an, auf Ihre Persönlichkeitsstruktur. Es ist durchaus möglich, dass Sie viel weniger Zeit brauchen – oder auch etwas mehr!

Mithilfe des folgenden einfachen Tests können Sie (zumindest in den meisten Fällen) herausbekommen, ob Sie den magischen Punkt bereits erreicht oder gar überwunden haben:

Wenn Sie einmal zu einer *Ausnahme* gezwungen werden (zum Beispiel, weil Sie um 3:00 morgens zum Flughafen müssen und deshalb das morgendliche Joggen nicht möglich ist) und Sie das Gefühl haben, es *fehle Ihnen etwas*, dann haben Sie wahrscheinlich den magischen Punkt überwunden. Spüren Sie dagegen fast eine *Erleichterung*, dass Sie an dem Tag mal nicht laufen müssen, dann sind Sie noch auf dem Weg dorthin!

Um welches neue Verhalten, um welche Veränderung es sich auch immer handeln mag: Es liegt an Ihnen herauszufinden, wann Sie fest im Sattel sitzen. Doch auch ein solcher Sattel ist kein Lehnstuhl! Der Point of no Return ist nicht im Sinne einer Versicherung gegen Anfälle und Übergriffe des inneren Schweinehundes zu verstehen. Es wird immer wieder vorkommen, dass Sie sich zu etwas überwinden müssen. Schließlich gibt es ja keinen »Return without Investment«, kein Wohlgefühl ohne Einsatz. Aber das Durchhalten wird Ihnen bei weitem nicht mehr so schwer fallen wie in der Anfangsphase.

Wie Sie den »Schweinehund-Rücken« überwinden

Natürlich gelten auch für die Anfangsphase einer dauerhaften Verhaltensänderung die fünf Grundregeln, die Sie bereits im Kapitel »Strategisches Rüstzeug ...« kennen gelernt haben: die Notwendigkeit einer eindeutigen Entscheidung, einer klaren Zielplanung, des möglichst sofortigen Beginns, regelmäßiger Erfolgskontrollen und das Feiern der Zwischenergebnisse. Um nicht klein beizugeben und das Feld den Schweinehunden zu überlassen, sollten Sie außerdem folgende Tipps beherzigen:

- Gehen Sie nur eine Sache auf einmal an, geben Sie dieser aber absolute Vorfahrt!
- Machen Sie sich den Anfang leicht!
- Nutzen Sie die Kraft des Rhythmus!
- Bleiben Sie trotz einzelner Ausnahmen stets am Ball!
- Wenden Sie die »Sandwichtaktik« an!
- Machen Sie einen Notfallplan!

Wie dies gelingt, zeigen die folgenden Ausführungen.

Nur eine Sache mit Vorfahrt angehen

Nehmen Sie sich nur eine Verhaltensänderung auf einmal vor. Sonst versuchen Sie, an mehreren Stellen gleichzeitig gegen den Strom Ihrer bisherigen Gewohnheiten anzuschwimmen. Wer sich am Silvesterabend vornimmt, ab 1. Januar ein „neuer besserer Mensch“ zu werden, der nun täglich läuft, meditiert, Tagebuch schreibt, seine Ernährung umstellt und so weiter, hat zwar edle Vorsätze, die jedoch komplett an der Funktionsweise unseres Nervensystems vorbeigedacht sind. Das alles auf einmal ist kaum zu schaffen. Viel wichtiger ist es, eine Sache bei der Planung an die erste Priorität zu setzen, ihr gewissermaßen Vorfahrt zu geben. Planen Sie dieses Vorhaben also gleich am Morgen ein, oder - wenn es sich um etwas Berufliches handelt - sobald Sie bei der Arbeit sind, oder gleich in der Mittagspause, oder sobald Sie nach Hause kommen. Streichen Sie lieber einen anderen Termin oder ein sonstiges Vorhaben, aber nicht diese eine neue Sache. Denn sie ist wie eine junge, empfindliche Pflanze, die Sie im Garten Ihres Lebens einpflanzen, und die Sie schützen müssen vor den eisigen Winden und dem Unkraut Ihrer bisherigen Gewohnheiten. Sie brauchen nicht zu befürchten, dass Sie Ihr sonstiges Berufs- oder Privatleben deswegen vernachlässigen könnten; beides ist das Gemüse, das gewissermaßen von selbst weiterwächst. Aber die kleine junge Pflanze bedarf in der Anfangsphase Ihrer besonderen Pflege und Aufmerksamkeit. – Daher also: Vorfahrt!

Sich den Anfang leicht machen

Da der Anfang das Schwerste ist, sollten Sie ihn sich so leicht wie möglich machen! Eine wichtige Regel lautet:

Fangen Sie lieber klein an
– das bringt am schnellsten Erfolgserlebnisse –,
und steigern Sie Ihr Pensum dann nach und nach.

Und: Entwickeln Sie ein gutes Gespür dafür, wo Ihre *persönliche Leistungsgrenze* liegt, und überfordern Sie sich am Anfang nicht! Es kann gar nicht oft genug betont werden, dass *Überforderung* der *Motivationskiller Nummer 1* ist und somit eine der häufigsten Ursachen für das Scheitern neuer Vorsätze!

> Ein Freund von mir wollte etwas für seine Gesundheit tun und entschied sich fürs Joggen. Da sein Bruder täglich mindestens eine Stunde lief, begann er sofort mit ehrgeizigen 45 Minuten und musste schon am nächsten Tag – von Muskelkater geplagt – die erste Zwangspause einlegen. Als ihm sein kleiner Feind schwanzwedelnd und grunzend ein Ausstiegsangebot machte, nahm er dankend an. Laufen sei nichts für ihn, das habe dieser Versuch gezeigt! Doch sein Bruder ermunterte ihn, es nochmals zu versuchen, diesmal aber klein anzufangen. So begann er mit 10 Minuten täglich in der ersten Woche, 15 in der zweiten, um sich dann langsam auf 20, 25, 30 und mehr Minuten zu steigern. Das Entscheidende war, dass er nie über seine persönliche »Gerade-noch-Wohlfühl-Grenze« hinausging. Heute läuft auch er täglich 50 Minuten, und das mittlerweile seit zwei Jahren. Sein Schweinehund läuft übrigens mit.

Gut trainierte Sportler schaffen ohne Probleme 100 Liegestützen am Stück! Wenn das auch Ihr Ziel ist, so kann der Weg dorthin sinnvollerweise mit zum Beispiel 5 Liegestützen täglich beginnen, um nach einer Woche auf 10 zu erhöhen, dann auf 15 und so weiter. Wenn Sie beständig weitermachen, werden Sie schon nach 20 Wochen, also innerhalb des ersten halben Jahres, beim ersehnten Pensum angelangt sein.

Sie wollen sich täglich eine halbe Stunde Besinnung einräumen, um sich nicht länger von Ihrem Alltagstrott auffressen zu lassen? Fangen Sie mit fünf oder zehn Minuten an – vielleicht an einem Feiertag, an dem Sie ohnehin mehr Zeit für sich haben, oder im

Rahmen eines Urlaubs. Es könnte sein, dass sich Ihre alte Programmierung, die kaum Ruhepausen kennt, zunächst als heftiger Störfaktor erweist und Ihnen während Ihrer anfänglichen »Minimeditationen« eine Menge innerer Unruhe und störender Gedanken beschert. Lassen Sie sich davon nicht irritieren. Nach und nach werden Sie merken, wie viel Gelassenheit Sie durch Ihre neue Gewohnheit gewinnen. Gerade deshalb sollten Sie sich zu Beginn nicht zu einem »Besinnungsmarathon« zwingen. Ihr Schweinehund wartet nur darauf, dass Sie sich hier überfordern, und wird Ihnen einflüstern, dass es wahrhaftig Dringenderes gebe als einen derartigen Rückzug.

Oder steht bei Ihnen »mehr Lesen, weniger Fernsehen« auf dem Programm? Tauschen Sie lieber zunächst nur einen Fernsehabend pro Woche gegen einen Leseabend, als dass Sie sich das Fernsehen ganz verbieten. Und am Anfang müssen es auch nicht gleich drei Lesestunden am Stück sein. Wenn Sie täglich nur 10 Seiten lesen, schaffen Sie ein 200 Seiten dickes Buch in 20 Tagen. Und das wiederum macht etwa 18 Bücher im Jahr – falls Sie keine Lesepausen einlegen.

Die Kraft des Rhythmus nutzen

Eines der wichtigsten Geheimnisse zur *dauerhaften Verankerung* neuer Gewohnheiten im Leben lautet:

**Was auch immer Sie dauerhaft tun wollen,
tun Sie es möglichst stets zur *selben Zeit*,
am *selben Ort* und in der *gleichen Art und Weise*!**

Die *rhythmische Wiederholung ein und derselben Tätigkeit* übt auf unser Nervensystem eine erstaunliche Wirkung aus. Sie ist der Schlüssel zur Neuprogrammierung, sozusagen zur »Installierung«

neuer Gewohnheiten »auf Ihrer Festplatte«. Daher kann man die Bedeutung der rhythmischen Wiederholung gar nicht oft genug wiederholen! Und selbst diesen *Satz* müsste man mehrmals wiederholen. Also noch mal:

Um eine neue Gewohnheit zu schaffen, bedarf es der ständigen, rhythmischen Wiederholung.

So, das dürfte fürs Erste genügen. Wir kommen dann voraussichtlich noch ein paarmal darauf zurück ..., bis es Ihr Schweinehund nicht mehr hören kann und er deshalb auch nicht mehr zuhört, nicht mehr aufpasst und wahrscheinlich einschläft. Und genau darum geht es: Durch die rhythmische Wiederholung derselben Sache versetzen Sie Ihren Schweinehund gewissermaßen in Trance, Sie schläfern ihn ein und schalten damit seinen Widerstand mehr und mehr aus.

Und wahrscheinlich haben Sie auch dies selbst schon verschiedentlich in Ihrem Leben erfahren: *Je häufiger Sie etwas wiederholen, desto geringer werden die inneren Widerstände die Sie dagegen haben.* Nutzen Sie also die Kraft der rhythmischen Wiederholung zu Ihrer Unterstützung!

Laufen Sie (besonders in der Anfangsphase) immer um dieselbe Zeit, zum Beispiel täglich morgens um 6:30 oder abends um 17:30. Am besten, Sie wählen dafür zunächst auch immer die gleiche Strecke aus, die Sie natürlich nach und nach verlängern können. Genau so entsteht Ihr »Trampelpfad auf der Wiese«. In Kürze wird Sie Ihr Nervensystem aufgrund seiner Neuprogrammierung gewissermaßen zum Laufen »rufen«, da Ihre innere Uhr gegen 6:30 (oder entsprechend um 17:30) auf »Laufen« umschaltet. Und wenn Sie dann auf der vertrauten Strecke unterwegs sind, weiß Ihr Nervensystem automatisch, was hier angesagt ist: laufen, laufen, laufen ...

Wenn Sie sich vorgenommen haben, täglich zu meditieren, dann legen Sie auch für dieses Vorhaben eine *bestimmte, gleichbleibende Zeit* fest – zu der Sie auch mit großer Wahrscheinlichkeit nicht gestört werden. Am besten wählen Sie auch einen *bestimmten, gleichbleibenden Ort* für Ihre Besinnung. Die Zeit und der Ort werden in Ihrem Nervensystem mehr und mehr zu »Erinnerungsankern«, und Ihr inneres Programm wird zu dieser Zeit, an diesem Ort umschalten auf »Meditation«. – In ähnlicher Weise dienen übrigens auch die Gebetsteppiche den Moslems als »Anker« für ihre Gebetsrituale, die natürlich ebenfalls zu immer denselben Zeiten erfolgen (wie in allen religiösen Traditionen). – Nach und nach, wenn Ihnen die tägliche Meditation zur Selbstverständlichkeit geworden ist, werden Sie keine Schwierigkeiten mehr haben, fast jederzeit und allerorten abzuschalten und in sich hineinzuhören.

Trotz Ausnahmen am Ball bleiben

Die bereits auf Seite 79 beschriebene *Ausnahmefalle* ist eine der günstigsten Gelegenheiten für Schweinehunde, uns gründlich auszutricksen: Nur zu gerne verführen sie uns dazu, einen äußeren Umstand als Anlass dafür zu nehmen, eine neue Gewohnheit zu unterbrechen, bis sich die Ausnahmen häufen und wir womöglich ganz aufgeben. Jede Ausnahme unterbricht den oben dargestellten Neuprogrammierungsprozess. Deswegen ist es gerade in der Anfangsphase (bis zum »Point of no Return«) so wichtig, auf die Gefahr der Ausnahmen zu achten und am Ball zu bleiben. Dabei können Sie vor allem drei bewährte Mittel zu Ihrer Unterstützung heranziehen:

1. den Ausnahmentest,
2. die Nachholtechnik und
3. den Fünf-Minuten-Trick.

Der Ausnahmentest: Nicht jede Ausnahme, die wir machen, muss eine Schweinehunde-Falle sein. Es gibt ja wirklich Situationen, in denen etwas anderes sinnvollerweise Vorrang hat. So kann eine beruflich bedingte Reise, eine Krankheit oder ein Mensch, der dringend unsere Hilfe braucht, eine Ausnahme erforderlich machen. Genauso kann der unerwartete Besuch eines Freundes, den wir lange nicht mehr gesehen haben, dazu führen, dass wir unser Fitnessprogramm oder die reservierte Besinnungszeit an dem Tag bewusst zurückstellen. Wichtig ist aber, dass wir innerlich testen, ob wir den besonderen Anlass nur als *Vorwand* für eine Unterbrechung nehmen oder ob das unerwartete Ereignis wirklich Priorität hat. In den meisten Fällen werden wir das sofort erkennen. Falls nicht, können Sie mit folgender *Formel* prüfen, ob Ihr Schweinehund seine Finger mit im Spiel hat: Angenommen, Sie wollen vom Verhalten X eine Ausnahme zugunsten des besonderen Anlasses Y machen. Haben Sie dabei die Einstellung »Eigentlich will ich wirklich X, doch Y hat jetzt eindeutig Vorrang« oder spüren Sie eher mit Erleichterung »Eigentlich sollte ich jetzt X tun, wie gut, dass ich wegen Y eine Ausnahme machen kann«? Bei der letztgenannten Haltung lässt Ihr Schweinehund grüßen!

Die Nachholtechnik: Wenn Sie wirklich mal verhindert waren, Ihre neue Gewohnheit in die Tat umzusetzen, aber auch, wenn Ihr Schweinehund eine Ausnahme errungen hat, dann *holen Sie das Versäumte einfach bei nächster Gelegenheit nach* – am besten am nächsten Tag, spätestens aber innerhalb der nächsten Woche! Allerdings sollten Sie misstrauisch werden, wenn sich die Nachholtermine mehr und mehr häufen. Dann laufen Sie Gefahr, dass der psychologische Berg in Kürze so hoch wird, dass Ihr Schweinehund ein leichtes Spiel hat, Sie die ganze Angelegenheit als »viel zu mühsam« oder »nicht mehr zu schaffen« aufgeben zu lassen. Deshalb: Wenn Sie merken, dass sich zu viele Nachholtermine aufgestaut haben, empfiehlt es sich, »reinen Tisch zu machen« und von vorn anzufangen – und diesmal konsequenter zu sein.

Der Fünf- Minuten-Trick: Es kann wirklich immer wieder vorkommen, dass Sie aufgrund zwingender äußerer Umstände erkennen: Ihr normales Programm ist zeitlich nicht zu schaffen. Jetzt heißt es, trotzdem am Ball zu bleiben und nicht locker zu lassen. Auch wenn Sie sonst schon 25 Minuten täglich laufen: Gestehen Sie sich an einem solchen Tag wenigstens fünf Minuten zu, beispielsweise am Morgen den Jogginganzug anziehen und nur einmal um den Block laufen. Das mag Ihrer Fitness nicht gerade den entscheidenden Vorschub verleihen – und genau diesen Einwand wird auch Ihr Schweinehund bringen. Doch das spielt hier keine Rolle. Entscheidend ist, dass Sie es nicht zu einer kompletten Ausnahme kommen lassen. Sie dienen Ihrem Nervensystem und damit sich selber, wenn Sie Ihre Neuprogrammierung nicht durchbrechen. Selbst ein Minimalprogramm ist hier besser als gar nichts. Bleiben Sie dran – es lohnt sich!

Die Sandwichtechnik nutzen

Ein neues Verhalten zu etablieren ist nicht leicht – Sie können es sich einfacher machen, wenn Sie die neue Gewohnheit, die noch nicht im Nervensystem »Fuß gefasst« hat, zwischen zwei bereits bestehenden Gewohnheiten, die Sie nicht verändern wollen, ansiedeln. Sie nutzen damit gewissermaßen die Fließgeschwindigkeit der bestehenden Gewohnheiten, um die neue mitzureißen.

Wenn Sie sich vorgenommen haben, am Morgen eine Reihe von Gymnastikübungen zu machen, so könnten Sie diese zwischen Zähneputzen und Duschen »einbetten«. – Sollten Sie sich zu regelmäßigen Entspannungsübungen entschlossen haben, so könnten Sie diese in die Zeit zwischen Mittagessen und Nachmittagskaffee legen.

Die fünf Seiten, die Sie möglicherweise neuerdings täglich lesen wollen, ließen sich vielleicht zwischen dem Nachhausekommen und dem gewohnheitsmäßigen Einschalten des Fernsehers einschieben.

Wichtig ist, dass Sie drei Gewohnheiten – zwei altvertraute und dazwischen die neue – immer in derselben Reihenfolge praktizieren und möglichst nichts dazwischenkommen lassen. Ihr Schweinehund hätte für Letzeres sicherlich jede Menge Ideen ...

Einen Notfallplan machen

Was ist nun damit gemeint? Neueste Forschungen haben ergeben, dass Verhaltensänderungen die größten Realisierungschancen bei den Menschen haben, die gleich mehrere Pläne zur Umstellung ihrer Gewohnheiten machen und dabei möglichst viele Eventualitäten und potenzielle Schwierigkeiten mit einbeziehen. Die Psychologen, die diese Recherchen betrieben haben, nennen das „barrierebezogene Strategieplanung". Also, gleich vorausdenken: Auf welche Barrieren und Hindernisse könnte ich stoßen? Wie könnte mein Schweinehund versuchen, mich auszutricksen? Und dann sofort Gegenstrategien entwickeln: Was tun, wenn das Joggen wegen Unwetter nicht möglich ist? Ersatzweise dreißig Minuten auf dem Hometrainer strampeln oder eine Stunde ins Fitnessstudio gehen! Was, wenn's am Buffet keinen Salat gibt? Auf mehr Gemüse oder Obst ausweichen! – Und so weiter ...

Machen Sie eine Art kreatives Brainstorming. Schlüpfen Sie dabei in die Rolle Ihres eigenen Schweinehundes: Was könnte er sich alles einfallen lassen, um Sie doch noch vom neuen Wege abzubringen? Und wie könnten Sie sich dann sinnvollerweise verhalten? Mit Ihrem Notfallplan bereiten Sie sich strategisch gegen unvorhergesehene Barrieren vor und sichern sich gegen innere Sabotageakte ab!

All die zuvor beschriebenen Tricks und Strategien unterstützen Sie dabei, die schwierige Anfangsphase des »Schweinehund-Rückens« möglichst leicht und sicher hinter sich zu bringen, damit Sie sich immer weniger überwinden müssen. Denn bedenken Sie: Wer sich ständig überwinden muss, macht irgendetwas falsch! Jedenfalls, wenn Sie etwas schon über einen längeren Zeitraum hinweg praktizieren. Dann könnte es sein, dass es doch nicht das Richtige *für Sie* ist. Wenn also die Rendite auf Dauer das Investment nicht übersteigt, dann lassen Sie's. Suchen Sie sich in einem solchen Fall lieber etwas anderes, das Ihnen auch gut tut, aber leichter fällt! Entscheidend ist nämlich, dass es Ihnen mit einem neuen Verhalten insgesamt besser geht! Diese Ansicht wird auch Ihr Schweinehund teilen.

Das Geheimnis der Veränderung

- Immer nur eine Sache angehen,
- klein anfangen,
- langsam steigern,
- am Ball bleiben,
- ohne sich zu überfordern.

10. Weitere Hilfen: Verbündete – Commitments – Investments

Statt einsam und allein auf weiter Flur stehend gegen Ihren inneren Saboteur anzukämpfen, sollten Sie lieber nach dem Motto »Gemeinsam mit anderen bin ich stark« handeln. Oder aber mit sich selbst und anderen verbindliche Abmachungen treffen. Wie das geht? Lesen Sie weiter!

Verbündete suchen

Sechs Uhr dreißig. Der Wecker klingelt. Verschlafen schleppt sich Julia ans Fenster. Auch das noch! Es regnet. Bei dem Wetter zu joggen, nach nur sechs Stunden Schlaf! Nein! Ihr Schweinehund grunzt: »Geh wieder ins Bett, du holst dir noch wer weiß was!« Sie ist schon fast wieder in den Federn, da fällt ihr siedend heiß ein, dass Esther und Michael in zehn Minuten am Stadtpark auf sie warten. Sie hatten sich noch gestern Abend auf der Party verabredet, da alle drei mit ihrem Schweinehund ums Laufen rangen. – Nein, die Blöße würde sie sich nicht geben. In Windeseile schlüpfte sie in ihre Jogginghose und zog sich die Laufschuhe an, während ihr Schweinehund laut knurrte und bellte. »Sei ruhig und komm

> halt mit. Wir laufen auch nicht zu lange!« – Bald sah man drei Gestalten trotz Wind und Wetter locker und fröhlich durch den Stadtpark joggen. Drei? Nein, etwa 50 Meter hinter ihnen folgten drei weitere Gestalten – grunzend und schnaufend. Später beim gemeinsamen Frühstück gestanden sich Julia, Esther und Michael gegenseitig: Keiner von ihnen wäre im Normalfall heute zum Laufen gegangen – aber keiner habe sich getraut zu kneifen! Und so war es auch die folgenden Tage. Mit Ausnahme von wirklichen Krankheitsfällen oder beruflich bedingten Verhinderungen waren die drei Läufer jeden Tag gemeinsam unterwegs – jedenfalls die ersten drei Monate. Dann waren sie so »laufsüchtig«, dass sie öfter auch mal alleine liefen. Gemeinsam packten sie größere Strecken an. – Sechs Uhr dreißig. Der Wecker klingelt. Schneeregen. Der Schweinehund ist schon draußen, auch ihn hat's gepackt.

Vereinbarungen mit anderen und *gemeinsame Aktionen* gehören mit zu den stärksten Hilfen gegen die (anfänglichen) Einwände des inneren Schweinehundes. Besonders schützen sie einen vor den bekannten *Ausnahmefallen*, denn wo ich alleine leichter mal nachgeben würde, fällt es natürlich viel schwerer, wenn ich vor anderen »mein Gesicht verliere«. Deshalb:

Verabreden Sie sich zum gemeinsamen Training. Egal, ob Sie das Laufen, Radfahren, Rudern oder Fitnesstraining etablieren möchten. Wichtig ist nur, dass die Gruppe *homogen mit annähernd gleichem Niveau* ist. Denn der Langsamere fühlt sich überfordert, wenn er ständig versuchen muss mitzuhalten, der Schnellere unterfordert und frustriert, wenn er sich dauernd wegen der anderen bremsen muss. Und Sie wissen ja: Überforderung wie Unterforderung sind die Motivationskiller Nummer 1.

Gemeinsam funktioniert's: der Schweinehund läuft mit

Verabreden Sie sich ebenso zu gemeinsamen Einmalaktionen. Es kann viel Spaß machen, den Keller oder Speicher zusammen auszumisten, sich gegenseitig bei der Gartenarbeit zu helfen, den Schuppen mit einem Freund zusammen zu bauen oder gar im Büro einen Aufräumtag einzulegen (natürlich mit Musik, Verpflegung und einer Abschlussparty).

Schließen Sie Bündnisse mit anderen. Wie so etwas aussehen kann, zeigt folgendes Beispiel:

> Ich war zwölf Jahre alt, als sich die so wichtige Frage stellte: Rauchen oder nicht? Ich hatte wohl schon einmal eine Zigarette ausprobiert, allerdings kam ich nur bis zur Hälfte. Sie hatte nicht nur schlecht geschmeckt, mir wurde auch speiübel (mit den entsprechenden Folgen ...). Andererseits wirkte es schon total lässig und »cool«, sich in Gegenwart anderer einen Glimmstängel aus der Tasche zu ziehen und anzustecken – noch dazu in Gegenwart der verehrten Vertreterinnen des anderen Geschlechts. Dass ich bis heute nie mehr als diese halbe Zigarette geraucht habe, verdanke ich einem Pakt mit meinem damaligen Freund Wolfgang. Wir hatten uns über das Problem lange ausgetauscht und waren beide hin- und hergerissen zwischen »Schmeckt nicht, schadet und kostet auch noch Geld« einerseits und »Ist aber lässig, cool und imponierend« andererseits. Ich weiß nicht mehr, wer von uns beiden auf die Idee kam, aber wir schlossen einen Pakt, bis zum 18. Geburtstag nicht zu rauchen. Wer das Bündnis bräche, müsse dem anderen 100 Mark bezahlen. Das war für uns damals eine Menge Geld. Doch das Geld war es nicht, es war der Pakt! Und einen Pakt unter Freunden bricht man nicht. Davon abgesehen machten wir beide sehr schnell die Erfahrung, dass, auf die wiederholt gestellte Frage hin, warum wir nicht rauchten, die Geschichte von unserem Bündnis die jungen Damen wesent-

> lich mehr beeindruckte. Das fanden sie nun »echt cool«! – Ich sah Wolfgang vor einigen Jahren auf dem 20-jährigen Abiturtreffen wieder: Auch er raucht bis heute nicht!

Es muss nicht immer ein solch »lebenswichtiges« Thema sein wie das Rauchen. *Bündnisse* oder *Agreements* mit anderen können Sie in allen möglichen Anliegen unterstützen:

- bis zum Tag xy eine bestimmte Sache erledigt zu haben,
- ein gemeinsames »Abspeckprogramm« durchzuziehen oder
- täglich jemandem einen Gefallen zu tun oder eine Freude zu bereiten.

> Vor einer Weile war in der Presse von einer kuriosen Großaktion zu lesen: In den USA hatte sich eine ganze Stadt vorgenommen abzuspecken. Im Rahmen der Aktion »76 Tons of Fun« hatten die Bürger von Philadelphia vereinbart, gemeinsam 76 Tonnen abzunehmen. Das Basketball-Team der Philadelphia 76ers unterstützte die Aktion, und sogar der Bürgermeister machte mit. (Aus dem Editorial der Zeitschrift *Fit for Fun* vom Juni 2001)

Wahrlich eine bemerkenswerte Aktion! Ob sie auch für uns nachahmenswert ist, mag dahinstehen. Es kann durchaus motivierend sein, wenn Tausende von Menschen etwas gemeinsam machen. Aber auch ein persönlicher Pakt mit einem Freund, einer Freundin oder gar einem Coach kann ähnliche Schubkraft entfalten.

Suchen Sie Orte mit Gleichgesinnten auf. Wenn *mehrere Personen das gleiche Ziel verfolgen*, wirkt dies ungemein motivierend. Viele Studierende haben schon erfahren, wie sehr es die eigene Disziplin und Konzentration unterstützen kann, in einer Bibliothek zu lernen, wo andere auch still hinter ihren Büchern sitzen. Und für viele Menschen ist es einfacher, gemeinsam im Fitnessstudio zu schwitzen als einsam auf dem Hometrainer, vor allem wenn sie die dort angebotenen Gruppenprogramme wahrnehmen. Für schwierige Vorhaben lassen sich sogar *Vereine mit Gleichgesinnten* finden. Der Erfolg der »Weight-Watchers« oder auch der »Anonymen Alkoholiker« beruht unter anderem darauf, gemeinsam mit anderen in einer Art Schicksalsgemeinschaft auf dem Weg zu sein und sich gegenseitig zu unterstützen.

Meiden Sie negativ eingestellte Mitmenschen. Halten Sie sich fern von Skeptikern, Frustrierten, Pessimisten, Zynikern, Nörglern oder sonstigen Miesmachern, die nicht nur selbst resigniert haben, sondern auch noch andere abhalten wollen, ihr Leben umzukrempeln. Leider ist der Neid gegenüber Erfolgreichen weit verbreitet, und mancher, der seinem Schweinehund die Herrschaft überlassen hat, gönnt es auch anderen nicht, den ihrigen zu zähmen.

Vergleichen Sie sich nicht mit angeblich Besseren. Vergleiche mit anderen, die scheinbar alles leichter, schneller oder besser »auf die Reihe bekommen«, entmutigen gewaltig. Der Schweinehund wächst nämlich durchs Vergleicheziehen (wie bereits auf Seite 85 dargestellt).

Vorhaben durch Commitments absichern

Treffen Sie nicht nur eine *verbindliche Abmachung mit sich selber* – sondern gehen Sie auch ein *Commitment gegenüber anderen* ein. Dies kann ein Freund, die Familie, Ihre Firma, ja sogar die Öffentlichkeit sein. Einen öffentlich verkündeten Vorsatz gibt man nicht so leicht auf! Es kann manchmal sogar hilfreich sein, wenn ein Freund oder Coach in vereinbarten Zeitabständen telefonisch oder persönlich nach dem Stand der Dinge fragt; oder Sie verpflichten sich, zum Beispiel einmal pro Woche »Rapport« zu geben, und sei es nur durch eine Postkarte (»Alles okay – ich bin dabei!«). Die Wirkung der *regelmäßigen Kontrolle* gehört auch zum Erfolgsrezept der »Weight-Watchers«.

Sich den »Return on Investment« holen

Als ich vor einiger Zeit eine frühere Mitarbeiterin meines Teams wiedertraf, hätte ich sie beinahe nicht wieder erkannt. Aus einem recht rundlichen und eher phlegmatischen Wesen war eine schlanke, durchtrainierte Frau geworden. Strahlend erzählte sie, dass sie dies mit nur 18 Monaten im Fitnessstudio geschafft habe. Verblüfft fragte ich nach, denn ich erinnerte mich noch, dass sie früher öfter gesagt hatte, Fitnessstudios seien garantiert nichts für sie. Tatsächlich hatte ihr Schweinehund bereits beim Gedanken daran angefangen zu knurren, und seine Ausredenpalette war nahezu unangreifbar. Doch dann habe sie sich einfach beim besten und teuersten Fitnessstudio der Gegend angemeldet und gleich einen Zweijahresvertrag unterschrieben. Jetzt gab es kein Zurück mehr. Da sie prinzipiell recht sparsam war, ging die Rechnung auf. Diese 90 Euro pro Monat musste sie voll ausnutzen. Der Erfolg war sichtbar – und auch ihr Schweinehund hatte beachtlich an Gewicht verloren.

Vielen Menschen fällt es schwer, eine finanzielle Investition ungenutzt verpuffen zu lassen. Würden Sie teuer erstandene Laufschuhe, ein neues Fahrrad oder ein Trimm-dich-Gerät ungenutzt stehen lassen? Der Kauf eines Topcomputers oder eines Musikinstrumentes kann »Sogkraft« entfalten, jetzt aber auch wirklich dranzugehen und zu lernen, damit umzugehen. Sonst wäre es ja »schade ums Geld«. Das mag nicht die ideale und einzig entscheidende Antriebskraft sein, aber für manch einen kann es sich als zusätzlicher Motivator auswirken. Warum also sollten *Sie* ihn ungenutzt lassen?! Der Kauf oder die Anmeldung sind ja außerdem schon der erste Schritt! Wenn Sie dranbleiben, haben Sie tatsächlich einen guten »Return on Investment«.

11.
Die Verhandlung mit dem Schweinehund

In besonders hartnäckigen Sabotagefällen, in denen Sie seit langem mit Ihrem inneren Schweinehund ringen, kann es empfehlenswert sein, mit Ihrem kleinen Feind *in Verhandlungen zu treten*. Das mag zunächst verwunderlich erscheinen. Und sicher werden Sie sich fragen , wie Sie denn mit Ihrem Widersacher sprechen oder gar verhandeln können. Doch in der psychologischen Praxis gilt es heute als wiederholt erprobte Erfahrung: Wer offen und ehrlich den Kontakt zu seinem Unterbewusstsein sucht, findet ihn auch. Und das gilt genauso für die Kontaktaufnahme mit dem inneren Schweinehund.

Unterstellen wir einmal (so eine Grundannahme der Psychologie), dass hinter jeder Verhaltensweise eine positive Absicht steht, auch wenn dies auf den ersten Blick völlig absurd erscheinen mag. »Positiv« bezieht sich dabei zunächst nur auf Sie selbst, nicht notwendigerweise auch auf andere. Es könnte also sein, dass Ihr Schweinehund mit seinen Sabotageaktionen für Sie persönlich einen bestimmten positiven Zweck verfolgt. Deshalb sollten Sie ihn als Erstes fragen, welche positive Absicht er möglicherweise mit seinen Einwänden verfolgt. Fragen Sie ihn, was er Ihnen vielleicht schon seit langem »zwischen den Zeilen« mitteilen will – ohne dass Sie es bisher gehört haben (oder hören wollten)! Wozu könnte das Verhalten, dass Sie krampfhaft zu ändern versuchen, unter Umständen gut sein? Es geht also darum herauszufinden: Was ist die Absicht Ihres Schweinehundes, der Sie statt x immer y machen lässt?

Nehmen wir an, ein an sich recht disziplinierter und fleißiger Mann kämpft seit Jahren erfolglos dagegen an, dass er nach dem Mittagessen jeden Tag, wie zwanghaft, ein bis zwei Stunden fernsehen muss, bevor er weiterarbeiten kann. Da er als freier Journalist zu Hause arbeitet, »erlauben« ihm die Arbeitsbedingungen dies »unsinnige« Verhalten. (Abends arbeitet er dafür oft bis um 22:00 oder 23:00.) Kann hinter diesem Verhalten eine positive Absicht stecken? Ja, ruft der Schweinehund, sonst würde sein Herrchen ohne Unterlass arbeiten. Zweck der Fernsehsabotage: ihn wenigstens ein bis zwei Stunden pro Tag mal von der Arbeit abzuhalten!

Im nächsten Schritt der Verhandlungen fragen Sie dann Ihren Schweinehund, ob er bereit wäre, Sie nicht mehr zu sabotieren, wenn Sie den beabsichtigten Zweck *auf eine andere Weise* verwirklichen würden. Nehmen wir an, Sie hätten als Teil Ihrer Persönlichkeit eine Art *kreativen Berater* in sich; diesen fragen Sie um Rat, auf welchem anderen Wege Sie den positiven Zweck noch erreichen könnten, und zwar so, dass Sie gleichzeitig auch noch Ihre Ziele verwirklichen können. Gehen Sie »in sich«, bis Ihnen drei Möglichkeiten eingefallen sind.

Besagter Journalist könnte beispielsweise auf die Idee kommen, statt des sinnlosen Fernsehens erstens täglich eine Stunde spazieren zu gehen oder zweitens dreimal die Woche die Sauna aufzusuchen oder drittens täglich eine halbe Stunde zu meditieren und sich weitere 30 Minuten auf seinem Hometrainer zu bewegen.

Bieten Sie Ihrem Schweinehund die drei Lösungen an, fragen Sie ihn, ob er mit einer davon einverstanden ist oder ob er zusätzlich noch etwas braucht, um seine positive Absicht ausreichend verwirklicht zu sehen.

Alsdann besiegeln Sie Ihre Verhandlungen mit einem *Vertrag mit dem Schweinehund:* Sie verpflichten sich darin, die gewählte Möglichkeit wirklich umzusetzen, der Schweinehund verpflichtet sich seinerseits, Sie in dem Punkt nicht mehr zu behindern. Und Sie wissen ja: Verträge sind bindend! Wenn Sie Ihre Verpflichtung nicht einhalten, wird Ihr Schweinehund Sie wieder massiv torpedieren!

Viele Menschen konnten mithilfe dieser Methode schon so manche »Schweinehund-Blockade« lösen. Ob sie auch Ihnen hilft, können Sie nur erfahren, indem Sie einen Versuch wagen!

Viel Spaß und Erfolg beim Verhandeln!

Die Verhandlung mit dem Schweinehund	
Ausgangslage:	Sie wollen X machen, Ihr Schweinehund lässt Sie Y tun.
Grundannahme:	Hinter jeder Verhaltensweise steckt eine positive Absicht.
Schritt 1:	Fragen Sie Ihren Schweinehund, welche positive Absicht er für Sie mit Y verfolgt.
Schritt 2:	Würdigen Sie diese positive Absicht!
Schritt 3:	Fragen Sie Ihren Schweinehund, ob er bereit ist, von Y abzulassen, wenn Sie den damit verfolgten Zweck auch auf andere Weise erreichen würden.
Schritt 4:	Suchen Sie mithilfe des »kreativen Beraters« in Ihnen drei weitere Möglichkeiten, um den mit Y verfolgten Zweck auf andere Weise zu erreichen.
Schritt 5:	Bieten Sie Ihrem Schweinehund diese drei Möglichkeiten an und lassen Sie ihn die beste wählen. Fragen Sie ihn, ob das genügt.
Schritt 6:	Besiegeln Sie alles in einem Vertrag.
Schritt 7:	Halten Sie sich an den Vertrag.

12.
Schweinehunde-Training und Schweinehunde-Tagebuch

»Nein, ich trau mich nicht!«, rief die siebenjährige Natalie, als sie vom Dreimetersprungbrett nach unten aufs Schwimmbecken schaute. Keine zwei Minuten zuvor hatte sie ihrem Papa noch verkündet, sie wolle heute auch springen, und war mit ihm zum ersten Mal auf den Dreimeterturm geklettert. Von hier oben sah das nun ganz anders aus. Natalie war hin- und hergerissen zwischen ihrem Wunsch, endlich mal den Dreimetersprung zu wagen, und ihrer Angst. »Okay«, sagte ihr Vater, »das ist ganz normal, ich hatte beim ersten Mal auch Angst. Aber wer traut sich denn da eigentlich nicht, du oder dein kleiner Schweinehund?« Natalie, die diesen schelmischen Begleiter schon gut kannte, lächelte: »Natürlich mein kleiner Schweinehund!« – »Dann nimm ihn doch bei der Hand, red ihm gut zu und dann spring einfach mit ihm zusammen. Dann traut er sich vielleicht.« Natalie streckte ihre Hand nach unten aus, murmelte ein paar beruhigende Worte und ... platsch, schon war sie ins Wasser gesprungen. Als sie wieder auftauchte, strahlte sie ... und wahrscheinlich auch ihr Schweinehündchen.

Nehmen Sie Ihren Schweinehund an die Hand

Bei uns daheim hieß es früher, man solle einfach dem »Gespenst der Angst« die Hand reichen und das tun, wovor man sich fürchte, dann würde die Angst nach und nach verschwinden. Und das stimmt tatsächlich:

**Das beste Mittel, um seine Furcht zu überwinden,
ist *das zu tun, wovor man sich fürchtet.***

Das gilt gewissermaßen nicht nur für unseren Umgang mit Angst und Furcht, sondern für alle Dinge, bei denen es uns schwer fällt, uns zu überwinden, also überall, wo wir unserem Schweinehund begegnen. Sie werden Ihren Schweinehund am schnellsten zähmen, je mehr Sie mit ihm trainieren, je häufiger Sie ihm entgegentreten und Hand in Hand mit ihm ins »Wasser der Herausforderung« springen. *Schweinehunde-Training* bedeutet immer wieder kleine oder große *Schweinehunde-Übungen* zu machen.

**Tun Sie als Schweinehunde-Übung Dinge,
*die Sie herausfordern, vor denen Sie sich scheuen,
die mit einem gewissen Risiko verbunden sind.***

Probieren Sie Neues aus, wagen Sie auch, verrückte Dinge zu tun. Suchen Sie sich immer wieder Ihre persönlichen »Dreimetertürme« – und dann reichen Sie (wie die kleine Natalie) Ihrem kleinen Begleiter die Hand und springen Sie! Und mit jedem Sprung wird Ihr Schweinehund etwas zahmer und vertrauter.

Machen Sie am besten *täglich* zumindest eine *kleine* und *jährlich* mindestens eine *größere* Schweinehunde-Übung. Wahrscheinlich wird dieses Training Ihnen bald sogar Spaß machen (genauso wie Ihrem charmanten Saboteur). In Kürze entfachen Sie so den *positiven Schweinehunde-Zyklus,* den Sie auf der gegenüberliegenden Seite sehen: Eine Herausforderung begegnet Ihnen, Sie stellen sich ihr, haben ein Erfolgserlebnis, der Widerstand des Schweinehundes

Der positive Schweinehunde-Zyklus

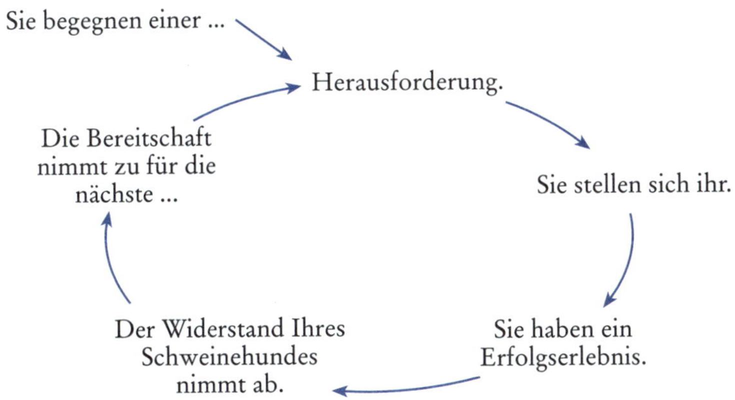

nimmt etwas ab und damit steigt Ihre Bereitschaft, sich der nächsten Herausforderung zu stellen.

Natürlich gibt es genauso den *negativen Schweinehunde-Zyklus*: Wenn Sie der Herausforderung ausweichen, haben Sie ein Misserfolgserlebnis, der Widerstand Ihres Schweinehundes nimmt zu und die Bereitschaft, sich der nächsten Herausforderung zu stellen, wird geringer (wie beim Ablenkungsvorgang Seite 74).

Vergessen Sie hierbei eines nicht:

Der entscheidende Schritt ist,
dass *Sie sich der Herausforderung überhaupt stellen,*
nicht unbedingt der Erfolg!

Wenn Sie sich überwinden müssen, auf einem Ball jemand Fremdes anzusprechen, dann ist (in puncto Schweinehunde-Training) das Maßgebliche, *dass* Sie es wagen – nicht, *ob* Sie eine positive Resonanz bekommen. (Beim Sprung vom Dreimeterturm tritt der Erfolg dagegen gleichzeitig mit dem Absprung ein.)

Schweinehunde-Tagebuch

Herausforderung

Was sagte mein Schweinehund dazu? (Wie) Hat er versucht, mich auszutricksen?

(Wie) Habe ich ihn überwunden?

Wie habe ich mich danach gefühlt? Was habe ich gelernt?

Wann tue ich es wieder?

Damit sich überhaupt Erfolge einstellen, ist es wichtig, dass Sie sich nicht überfordern, also Herausforderungen suchen, denen Sie gewachsen sind. Sich beispielsweise als mittelmäßiger Surfer mit Windstärke 7 bis 8 zu messen, wie ich es fahrlässigerweise seinerzeit in Griechenland tat, wäre *keine* sinnvolle Schweinehunde-Übung.

Suchen Sie sich immer wieder neue spannende, durchführbare Übungen, und führen Sie über Ihr Training ein *Schweinehunde-Tagebuch*. Ein Muster finden Sie auf Seite 212.

Notieren Sie in diesem Büchlein, was Sie gemacht haben, welche Ängste oder Bedenken Sie hatten, worin *genau* die Herausforderung für Sie bestanden hat, ob Sie Erfolg hatten oder nicht, welche Gefühle dadurch in Ihnen ausgelöst wurden und wie Ihr Schweinehund reagiert hat. Womit hat er vielleicht doch versucht, Sie aufzuhalten? Sind Sie ausgewichen, hatten Sie sich überfordert? Wollen Sie es nochmals versuchen? Wann? – Das muss und wird kein reines Erfolgstagebuch werden. Darum geht es auch nicht! Es geht ums Training. Auf diese Weise werden Sie sich und Ihren kleinen Begleiter immer besser kennen lernen und nach und nach leichter mit ihm klarkommen.

Täglich eine »kleine« Schweinehunde-Übung

Jeder Tag bietet eine Vielzahl von Gelegenheiten, etwas Ungewohntes, Herausforderndes, Verrücktes oder Ausgefallenes anzugehen. In meinen Seminaren lasse ich die Teilnehmer oft nach Abschluss des ersten Tages bis zum nächsten Morgen irgendeine kleine Schweinehunde-Übung absolvieren, über die sie dann berichten (siehe auch Seite 22). Immer wieder bin ich über die fantasievollen Möglichkeiten verblüfft, mit diesem kleinen Begleiter zu trainieren. Hier eine kleine Auswahl:

Fremde Menschen in der Öffentlichkeit freundlich anlächeln, grüßen oder gar ansprechen. Warum nicht einfach mal jemanden, der einem sympathisch erscheint, ein Kompliment machen, zu einem Kaffee einladen oder um ein Treffen bitten? »Das macht man doch nicht!« – »Was soll die/der denn von mir denken?!« – »Du bekommst sowieso eine Abfuhr!« – »Blamier dich doch nicht!«, tönt es da von Ihrem Begleiter. Natürlich, die Angst vor Ablehnung ist bei den meisten Menschen sehr groß, und daher wagen Sie die Kontaktaufnahme lieber erst gar nicht. Viele spontane Kontakte, die unser Leben bereichern könnten, entfallen aus Sorge vor Zurückweisung. Also ein ideales Trainingsfeld für uns und unseren Schweinehund. Und in den meisten Fällen werden Sie die Erfahrung machen, dass der andere zurücklächelt, grüßt und vielleicht sogar Ihrer Einladung freudig-erstaunt folgt. Wenn die Kontaktaufnahme nicht als plumpe »Anmache« daherkommt, ist die Resonanz in der Regel viel besser, als Ihr Schweinehund vermutet. Und vergessen Sie dabei nicht: Es geht ja eigentlich nicht um die Reaktion, sondern um den Schritt über Ihre Grenze.

Etwas Ungewöhnliches oder gar »Verrücktes« tun. Dieser etwas größere Schritt könnte zum Beispiel so aussehen:

- jemanden auf der Straße ansprechen und einfach fragen, wie er Ihre Krawatte oder Ihr Kleid findet;
- in der Straßenbahn oder U-Bahn laut die Station ausrufen;
- mit verschiedenfarbigen Socken oder Schuhen herumlaufen;
- sich in einem Restaurant etwas einpacken lassen (wie peinlich! – also eine gute Übung);
- in einem Laden versuchen, um den Preis zu feilschen (wobei dies nach Wegfall des Rabattgesetzes sowieso mehr in Mode gekommen ist, also gar nicht mehr so verrückt ist. Doch wenn es *Sie* Überwindung kostet, bleibt es für Sie eine gute Übungsmöglichkeit).

Mit Gewohnheiten experimentieren und etwas einmal ganz anders machen als sonst. Auch hier gibt es vielfältige Möglichkeiten:

- auf eine andere Weise zur Arbeit gelangen: mit dem Fahrrad, mit öffentlichen Verkehrsmitteln oder gar in die Firma joggen (falls Sie dort duschen und sich umziehen können);
- statt sich als »Selbstredner« zu betätigen, einmal einen Tag lang üben, nur zuzuhören und anderen Aufmerksamkeit zu schenken. Das kann Wunder bewirken;
- einmal etwas Gewohntes weglassen: Kaffee oder Tee eine Woche lang ungesüßt trinken oder einen Tag lang nicht rauchen;
- die Mittagspause völlig anders gestalten: in einen Park oder ein Café gehen, das man nicht kennt, einen Spaziergang machen oder anders entspannen, indem man Musik hört, statt immer wieder in dieselbe Kantine oder ins gleiche Lokal zu pilgern;
- kleine Entdeckungsreisen unternehmen an Orte, wo man noch nicht gewesen ist, sei dies ein Stadtviertel, in das man selten kommt, oder ein Laden, in dem man noch nie war. (So empfiehlt es Spencer Johnson in seinem Buch *Eine Minute für mich*.)

Durch diese kleinen Abenteuer kommen Sie immer wieder aus Ihrer Routine heraus.

Etwas Aufgeschobenes erledigen. Sei dies, einen Brief zu schreiben, der schon lange überfällig ist, ein vermeintlich (oder tatsächlich) schwieriges Telefonat zu führen, eine problematische Aussprache in der Familie oder am Arbeitsplatz in Angriff zu nehmen.

Jemandem eine unerwartete Freude bereiten. Kleinigkeiten können so viel bewirken. Oft sind wir nur zu träge, diesen Minischritt zu tun. Also »zählt« auch schon eine kleine »Freude-bereiten-Handlung« als Schweinehunde-Übung:

- Wie wäre es, einmal Blumen zu schenken? Wenn Sie nicht sowieso ein routinierter »Blumenschenker« sind, werden Sie über die Wirkung verblüfft sein. Ob Lebenspartner, Arbeitskollegen oder Freunde – je unerwarteter, desto größer die Wirkung. Einfach so. Eine Blume genügt! Sie müssen nicht gleich mit 15 Rosen ankommen. Ja, sogar irgendjemandem auf der Straße einfach eine Blume zu schenken ist ein gutes Training mit Ihrem kleinen Begleiter. Eine kuriose Variante empfiehlt übrigens Matt Weinstein in seinem Buch *Management by fun*: Verleihen Sie einen Blumenstrauß, beispielsweise an eine Arbeitskollegin, mit der Auflage, ihn nach einer Stunde an jemand anders weiterzugeben – so können sich mehr Menschen daran freuen. Ihr Schweinehund wird höchstens beim ersten Mal etwas Widerstand leisten, dann wird auch er seinen Spaß daran haben.
- Einfacher, aber nicht weniger wirkungsvoll, kann es sein, jemandem eine Postkarte zu schicken. Und wenn Ihr Begleiter einwenden will, Sie hätten dazu keine Zeit oder es würde Ihnen auf die Schnelle nichts »Geistreiches« einfallen, dann schreiben Sie eben nur »Ich denk an dich! – Liebe Grüße, deine Jutta«.
- Und wie wäre es mit ein paar »Streicheleinheiten«: Loben Sie Ihre Mitmenschen, zollen Sie ihnen Anerkennung oder machen Sie ihnen ein kleines Kompliment (solange es nicht zur »Masche« wird, natürlich – aber dann gilt es auch nicht als Trainingsübung!).

Sich bedanken. Dies ist auch etwas, das viele Menschen leicht vergessen, wozu viele sich nicht aufraffen und was der Schweinehund gerne aufschiebt, bis es zu spät ist. Ob eine berufliche Empfehlung, eine konkrete Hilfe oder auch nur etwas, was wir für »selbstverständlich« halten – Gelegenheiten für ein Dankeschön gibt es genug.

Ein Bekannter von mir ist in diesem Bereich ein »Profi«: Er bedankt sich sogar beim Handwerker oder Taxifahrer, dass

> dieser pünktlich ist – denn selbstverständlich sei das nicht. Und von Hillary Clinton wird berichtet, sie verbringe täglich bis zu zwei Stunden damit, den Menschen zu danken, die sie in irgendeiner Weise unterstützen. In dem Bereich leistet bei ihr der Schweinehund sicher keinen Widerstand mehr.

Lernen, etwas von anderen anzunehmen. Es gibt nicht wenige Menschen, denen es schwer fällt, von anderen ein Geschenk oder eine Gefälligkeit anzunehmen, ohne die sofortige Möglichkeit zu einer Gegenleistung zu haben. Also auch ein gutes Trainingsfeld. Sollte Ihr Schweinehund zu sehr murren, finden Sie im oben genannten Buch von Matt Weinstein auch hierzu eine Hilfe: Nehmen Sie das Geschenk oder die Gefälligkeit »leihweise« an und verpflichten Sie sich (eventuell auch sich selber gegenüber), Ähnliches bei Gelegenheit für einen anderen Menschen zu tun. Ihre »Gegenleistung« muss also nicht unbedingt dem ursprünglichen »Geber« zugute kommen.

> Als ich vor kurzem einem Bekannten spontan ein Buch schenken wollte und dieser sich mit den Worten zierte, das könne er ohne besonderen Anlass so nicht annehmen, sagte ich: »Okay, wenn es dir nicht gefällt, schickst du es mir zurück, wenn du es aber gut findest, dann kauf ein neues und schenk es jemandem, dem du damit eine Freude bereiten kannst.« – Sofort war sein Schweinehund still, nahm das Buch und begann, darin zu lesen.

Ein »Stückchen Ordnung« schaffen. Egal wo. Eine Schublade aufräumen, Ihr Auto oder irgendein Bereich, wo sich etwas angesammelt hat. Es ist übrigens gar nicht nötig, dass Sie es für sich tun. Sie können auch »just for fun« die Teeküche am Arbeitsplatz aufräumen oder eine auf der Straße liegende Zigarettenschachtel in den nächsten Abfalleimer befördern. Vielleicht wird Ihr kleiner Begleiter einwenden: »Die hast doch gar nicht du weggeworfen!« Richtig, aber hinterher sieht es sauberer aus, und Sie haben ein

»Stückchen Ordnung geschaffen« – nicht nur für andere, Sie tun es auch für sich. Jedes *äußere* Aufräumen wirkt sich nämlich auf unsere *innere* Stimmung aus – und hinterher kann es sein, dass auch Sie einen »aufgeräumten Eindruck« machen.

Mit dem Schweinehund »abtauchen« – Innehalten im Alltag. Einer der schnellsten Wege, uns zu regenerieren und wieder in Kontakt mit unserer »inneren Kraftquelle« zu kommen, ist das »Abtauchen« oder »Eintauchen« in die Stille. Natürlich wäre es hilfreich, wenn Sie eine Meditationstechnik, Yoga oder Autogenes Training beherrschten. Dies neu zu lernen könnte allerdings einen größeren »Ringkampf« mit Ihrem inneren Schweinehund erfordern. Als kleine Übung genügt es deshalb schon, ein- bis zweimal täglich einfach nur fünf Minuten still zu sitzen, am besten mit geschlossenen Augen, und ruhig auf Ihren Atem zu achten. Auch ohne »Lotus-Sitz« und eine besondere Technik. Dafür ist eine Parkbank geeignet, Ihr Schreibtischsessel, falls Sie sich an Ihrem Arbeitsplatz mal für fünf bis zehn Minuten »ausklinken« können, oder Ihr Sitz im ICE oder im Flieger. Wenn Sie mit dem »Abtauchen« anfangen, kann es passieren, dass Sie Ihr Schweinehund immer wieder mit den besten Tricks seiner Ausredenpalette konfrontiert: »Jetzt ist dafür keine Zeit!« – »Das kannst du später auch noch machen!« – »Einfach nichts tun ist nicht drin« und so weiter. Probieren Sie es trotzdem aus, als kleine Schweinehunde-Übung. In Kürze wird er die Würze des Innehaltens kennen und mit Ihnen abtauchen!

Das Aufzählen möglicher Übungen könnte noch lange fortgesetzt werden. Der Fantasie sind hier keine Grenzen gesetzt. Doch es geht nicht darum, eine vollständige Liste an Übungen zu erstellen – wichtig ist nur, dass Sie die für Sie persönlich geeigneten Trainingsmöglichkeiten finden. Und dafür ist alles geeignet,

Auch mit dem Schweinehund lässt sich innehalten

- wodurch Sie Ihre gewohnten Bahnen kurz verlassen müssen,
- wobei Sie sich etwas überwinden müssen oder
- was Sie schon immer mal machen wollten.

Wichtig ist, wie gesagt, nur, dass Sie sich nicht überfordern und dass Sie Spaß daran finden. Dann wird auch Ihr Schweinehund Freude daran haben.

Damit es auch bei diesem Vorhaben nicht beim bloßen Vorsatz bleibt (falls Sie Lust haben zu trainieren!), sollten Sie nun Papier und Stift zur Hand nehmen und zehn Möglichkeiten oder Ideen notieren, die Ihnen als kleine Schweinehunde-Übungen spontan einfallen. Die Beispiele oben können dabei als Anregung dienen.

Und wann wollen Sie mit Ihren Übungen anfangen (Stichwort »Termin«)? Achtung, Ihr kleiner Begleiter steht schon »auf der Matte«. Viel Glück!

Jährlich (mindestens) ein grösseres Schweinehunde-Training

Einmal (oder auch mehrmals) im Jahr können Sie sich eine Sache vornehmen, die Sie stärker oder länger herausfordert:

Eine größere Entrümpelungsaktion vornehmen. Sie können eine Woche lang (oder über einen längeren Zeitraum verteilt) Ihr »äußeres Leben« gründlich entrümpeln. All die vielen unnützen Sachen ausmisten, die Sie als Ballast mit sich herumschleppen: in Keller, Speicher, Garage, in den Kleiderschränken, die vielen Stapel, die Sie »irgendwann« einmal sichten wollten, die vielen Bücher, die Sie wahrscheinlich nie lesen werden und die nur im Regal verstauben ... Und all dies blockiert eben nicht nur den Raum, sondern auch Ihre *Energie*. Es ist erstaunlich, wie viel Energie im Leben von Menschen frei wird, die ihr Leben von Grund auf entrümpeln. Gute Anregungen und Hilfestellungen dazu bietet das Buch von Karen Kingston: *Feng Shui gegen das Gerümpel des Alltags*. Es ist gut möglich, dass Ihr Schweinehund im Vorfeld mit vielen Einwänden kommt und Ihnen einen fantasievollen Ausredenmix anbietet. Doch wenn Sie erst einmal angefangen haben, werden Sie merken, wie befreiend und befriedigend das ist, und das spürt auch er. Es wurde berichtet, dass Schweinehunde in vielen Fällen sogar beim Mithelfen gesehen wurden ...

Den eigenen Körper »entrümpeln«. Wie außen, so innen. Nicht nur das Entrümpeln von Keller und Dachboden tut gut, auch den *Körper* einmal jährlich zu *entschlacken* und zu *entgiften* steigert unser Wohlbefinden und unsere Gesundheit. Für einen gewissen Zeitraum (zum Beispiel während der Fastenzeit) auf bestimmte Genussmittel zu verzichten ist ein gesundes Schweinehunde-Training. Ob dies nun Alkohol, Nikotin, Kaffee oder Fleisch betrifft, wird jeder für sich am besten wissen. Auch die Teilnahme an einer ein- oder zweiwöchigen Entschlackungs- oder Heilfastenkur ist hierfür gut geeignet. Und dann ist die Herausforderung auch nicht so groß: Wenn alle um Sie herum bei der Sache sind, wird Ihr Begleiter in Kürze freiwillig mitmachen. (Manche meiner Seminarteilnehmer wählten übrigens statt der körperlichen die mentale »Entgiftung« und verzichten für einen Monat aufs Fernsehen. Es ist spannend, was eine TV-freie Zeit bewirken kann. Test it!)

Sich sportlichen Herausforderungen stellen. Hervorragend geeignet für größere Schweinehunde-Trainings ist der *Sportbereich*. Ob Sie nun im Fitnessstudio für einen Monat an einem speziellen täglichen Training teilnehmen, einen Marathonlauf angehen oder sogar einen Fallschirm- oder Bungeesprung wagen – solange Sie keine Körperschädigungen riskieren, sind es gute Gelegenheiten, Ihren inneren Widersacher zu zähmen.

Sich für eine Weile aus dem Alltag zurückziehen. Für manche Menschen kann es eine seelisch heilsame Herausforderung darstellen, einmal an einem *Retreat* teilzunehmen. Ob Exerzitien, Meditationsseminar oder auch nur alleine ein bis zwei Wochen lang in einem Kloster zu leben: Oft kostet dies erhebliche Überwindung, doch der innere Reichtum, den Sie dabei erlangen können, ist groß. Am Ende der Zeit ist meist auch Ihr Schweinehund ganz still und wird friedlich lächelnd mit Ihnen meditieren.

Mit einem Abenteuerurlaub den Alltagstrott durchbrechen. Von einem Trekking im Himalaja oder einer Wüstensafari wird Ihnen der Schweinehund heftigst abraten – doch wenn Sie an derlei teilnehmen, ist er mit dabei und kommt ein wenig gezähmter heim. Genauso könnten Sie testen, wie es ist, einmal drei bis sieben Tage alleine irgendwo zu wandern oder eine Urlaubsreise ganz anders zu gestalten als sonst, vielleicht mal wieder mit Rucksack und Zelt, wenn Sie seit Jahren nur noch in Mehr-Sterne-Hotels absteigen. Oder mit dem Fahrrad, einem Frachtschiff oder per Wohnmobil durch weite Landschaften fahren. Ihr kleiner Freund reist mit.

Seminare zur Persönlichkeitsbildung besuchen. Sollten Sie neben dem Schweinehunde-Training auch noch gezielt etwas für Ihre Persönlichkeit tun wollen, kann die Teilnahme an einem entsprechenden *Seminar* herausfordernd und bereichernd sein. Angebote hierzu gibt es genug. Wählen Sie mit Bedacht, welche Themen Sie in Ihrer persönlichen Situation fördern könnten.

Soweit ein paar Anregungen zu größeren Schweinehunde-Trainings. Mit Sicherheit gibt es noch eine Vielzahl anderer Möglichkeiten. Wenn Ihnen keine mehr einfallen, brauchen Sie nur Ihren neuen Freund zu fragen. Er wird nie so stark gezähmt werden können, dass es an Herausforderungen mangelt, mit ihm zu trainieren.

13. Im Überblick: die 50 besten Tipps im Umgang mit dem Schweinehund

Wie Sie mit Ihrem kleinen Saboteur Freundschaft schließen, um so dauerhaft in Frieden mit ihm leben und Ihre Vorhaben verwirklichen zu können, haben Sie nun im Einzelnen erfahren. Die 50 wichtigsten Tipps sehen Sie hier noch einmal in der Übersicht. Die Seitenzahl am Ende des jeweiligen Tipps verweist auf die entsprechende Passage des Buches und erleichtert Ihnen so das Rekapitulieren der für Sie besonders wichtigen Inhalte: Sie können jederzeit gezielt zu einem bestimmten Problem nachlesen, wie man es löst.

1. **Erkennen, wo der Schweinehund Ihnen begegnet**
   Machen Sie sich bewusst, in welchen Lebensbereichen Ihr innerer Schweinehund Ihnen am meisten in die Quere kommt und Sie sabotiert (hilfreich: das Ausfüllen der Checkliste). *Seite 26*

2. **Erkennen, wie er Sie austrickst**
   Stellen Sie fest, mit welchen der vielen Tricks und Taktiken Ihr Schweinehund Sie am häufigsten sabotiert (hilfreich dabei: Checkliste und Hitliste). *Seite 96 ff.*

3. **Den Schweinehund akzeptieren**
   Sie können weder vor ihm weglaufen noch ihn vertreiben oder auf Dauer einsperren. Sie können nur lernen, ihn zu zähmen und ihn als (notwendigen und sinnvollen) Teil Ihrer Persönlichkeit zu akzeptieren und zu integrieren. *Seite 105 ff.*

4. **Seinen positiven Zweck für Sie entdecken**
   Angenommen, Ihr Schweinehund (den Sie bisher vielleicht nur als Widersacher wahrgenommen haben) würde in Ihrem Leben auch einen positiven Zweck für Sie verfolgen, welcher könnte das sein? *Seite 116 f.*

5. **Manchmal auch auf den Schweinehund hören**
   Nicht immer ist der Widerstand des Schweinehundes schädlich. Manchmal will er Sie vor Überforderung bewahren, also auf sinnvolle Grenzen in Ihrem Leben hinweisen. Hier können Sie von ihm lernen, auf sich selber zu achten. *Seite 108 ff.*

6. **Vom Schweinehund lernen**
   Sie können von ihm lernen, ab und zu wieder Kind zu sein, also für den Augenblick, in der Gegenwart zu leben, für Ihr momentanes Wohlbefinden zu sorgen, Ihren inneren Schelm und Schalk rauszulassen, spontan zu sein, mal wieder etwas Verrücktes zu tun, zu weinen oder zu lachen und Ihr sonstiges kindliches Potenzial neu zu entdecken. *Seite 115*

7. **Den Schweinehunde-Code schnell dechiffrieren lernen**
   »Übersetzen« Sie die Schweinehunde-Ausreden, mit denen Sie sich immer wieder in die Tasche lügen, in ihre eigentliche Bedeutung. Dadurch wird Ihnen bewusst, welches Ihre wirklichen Motive sind, und Sie gewinnen eigenverantwortlich Entscheidungsfreiheit. *Seite 118 ff.*

8. **»Etiketten der Möglichkeit« wählen**
Die Wahl der Worte beeinflusst Ihre Sicht der Dinge und Ihre Gefühle. Achten Sie daher auf Ihre Formulierungen: Sagen Sie in Zukunft statt »ich muss«, »ich müsste«, »ich sollte« lieber »ich will«, »ich möchte«, »ich kann«, »ich werde« oder »ich darf«. Das verändert nicht die Tatsachen, aber die Einstellung, mit der Sie die Dinge angehen. *Seite 120 ff.*

9. **Fokus auf Lösungen legen**
Statt eine Situation als »unlösbar« zu bezeichnen, überlegen Sie sich, wie Sie eine Lösung finden können. Fragen Sie zum Beispiel: »Wie schaffe ich das am besten?« statt »Ich kann das nicht!«; »Wie könnte ich weitermachen?« statt »Ich sitze fest!« *Seite 124 f.*

10. **»Negatives« als Vorstufen künftiger Erfolge betrachten**
Sehen Sie Probleme als Chancen, Schwierigkeiten als Herausforderungen, Fehler als Orientierungshilfen und Misserfolge als Zwischenergebnisse auf dem Weg zum Erfolg. *Seite 125*

11. **Sich nicht allzu sehr unter Druck setzen**
Wer sich permanent unter Druck setzt, hat nicht nur wenig Spaß im Leben, er weckt auch den Gegendruck seines inneren Schweinehundes. Je größer der Druck, desto bissiger der Schweinehund. *Seite 129 ff.*

12. **Den Schweinehund in die Zange nehmen**
Stellen Sie sich einerseits vor, welchen Gewinn Ihnen das erstrebte Verhalten bringen wird, und führen Sie sich andererseits deutlich die Nachteile vor Augen, die eintreten werden, wenn Sie Ihr Vorhaben fallen lassen. *Seite 131 ff.*

13. Herausforderungen suchen
Einer der maßgeblichen Faktoren, um Spaß an einer Sache zu haben, ist die Herausforderung – aber nur, wenn sie mit den eigenen Fähigkeiten in Balance ist. »Flow« und Glück erlebt man häufig an der Grenze zur Herausforderung. *Seite 134 ff.*

14. Überforderung vermeiden
Unterforderung und vor allem Überforderung sind die größten Motivationskiller im Leben. Wer sich ständig überfordert und gar nicht mehr auf Warnungen seines Schweinehundes hören will, wird es umso häufiger mit dessen Sabotageakten zu tun bekommen. *Seite 138 ff.*

15. Klare Entscheidungen treffen
Eine eindeutige Entscheidung ist Grundvoraussetzung für den Erfolg Ihres Vorhabens. Erstellen Sie eine Liste mit all den Dingen, die Sie endlich in Angriff nehmen wollen, und treffen Sie dann zu jedem Punkt eine bewusste Entscheidung, ob Sie ihn wirklich angehen wollen. Legen Sie dazu bei Bedarf eine Vor- und Nachteileliste an. *Seite 142 ff.*

16. Dem WWW&W-Prinzip folgen
Beschaffen Sie sich die nötigen Informationen, damit Sie WIRKLICH WISSEN, WARUM Sie etwas wollen, und eignen Sie sich das nötige Know-how an, WIE Sie die Angelegenheit am leichtesten und effektivsten angehen. *Seite 148*

17. Ein Gefühl der Machbarkeit besitzen
Wenn Sie ein Ziel erreichen wollen, muss es nicht nur objektiv realistisch sein, sondern Sie brauchen bereits im Vorfeld subjektiv das Gefühl der Machbarkeit. Das Gefühl, dass Sie es schaffen können, dass das Vorhaben für Sie wirklich realisierbar ist. *Seite 150 ff.*

18. **Die Technik des Austernessens anwenden**
Kleine aufgeschobene Vorhaben gehen Sie an wie ein Austernessen: eines nach dem anderen, nie zwei gleichzeitig.
Seite 152

19. **Die Technik, einen Elefanten zu essen, anwenden**
Große Vorhaben packen Sie so an, wie Sie einen Elefanten verspeisen würden: in kleine Häppchen geschnitten (das heißt, in kleine, überschaubare und zeitlich begrenzte Einheiten unterteilt), Stückchen für Stückchen (das heißt, in kleinen Schritten etappenweise erledigt). Am Anfang im Zweifel lieber zu kleine als zu große Häppchen. *Seite 152 f.*

20. **Positive Zielformulierungen wählen**
Negative Zielformulierungen sind nicht »gehirngerecht«! Unser Gehirn kann nicht »etwas nicht denken«. Erst wenn Sie ausdrücken, was Sie (stattdessen) tun wollen, kann sich Ihr Gehirn eine Vorstellung vom Ziel machen. *Seite 157 ff.*

21. **Konkrete, messbare Ziele setzen**
Befehle im Komparativ lassen sich nicht verwirklichen. Ohne konkreten Auftrag kann Ihr Gehirn Ihr Vorhaben nicht umsetzen. Und was Sie nicht messen können, können Sie auch nicht überprüfen. Also statt »früher aufstehen« konkret: »täglich um 6:00 aufstehen«. *Seite 159 ff.*

22. **Schriftlich terminieren**
Schriftliche Termine sind zur Verwirklichung Ihrer Ziele »überlebenswichtig«. Ohne Termine hat Ihr Schweinehund die Macht. Setzen Sie sich feste Endtermine (»Deadlines«), Zwischentermine und konkrete Einzeltermine für jeden Tag – und tragen Sie diese in einen Timer ein. *Seite 161 ff.*

23. **Spielräume und Pufferzeiten einplanen**
Reservieren Sie mindestens ein Drittel mehr Zeit, als Sie anfangs für die Verwirklichung Ihres Vorhabens für erforderlich halten. Die meisten Menschen unterschätzen die Dauer vieler Angelegenheiten. Wenn Sie doch früher fertig werden – umso besser! *Seite 162*

24. **Pausen und Freizeit einplanen**
Wer nicht ausreichend Pausen einlegt und sich nicht genügend Freizeit gönnt, um zu regenerieren, arbeitet bald mit halber Kraft und wird es mit seinem Schweinehund zu tun bekommen. Aber auch Pausen und Freizeit wollen geplant sein! *Seite 163*

25. **Schwierigen Vorhaben Priorität 1 verleihen**
Vorhaben, bei denen Ihr Schweinehund Ihnen wahrscheinlich besonders massiv in die Quere kommen wird, bei denen Sie sich extrem überwinden müssen, geben Sie bereits bei der Planung Priorität 1. Erledigen Sie derlei Dinge so früh wie möglich am Tag. Schweinehunde-Angelegenheiten haben Vorfahrt! *Seite 164 ff.*

26. **Präsenz schaffen**
Machen Sie Schweinehunde-Angelegenheiten zu Herzensangelegenheiten, verschaffen Sie ihnen in Ihrem Leben Präsenz. Erinnern Sie sich so oft wie möglich im Laufe eines Tages an sie: durch Merkzettel, Schilder, Vermerke, Poster etc. *Seite 165*

27. **Leuchtende Zielbilder schaffen**
Machen Sie sich ein klares Bild davon, wie es aussieht, wenn Sie Ihr Ziel erreicht haben werden. Je leuchtender Ihr Zielbild, desto schwächer der Widerstand Ihres Schweinehundes! Bilder überzeugen ihn nämlich mehr als rationale Argumente. Folgen Sie WYSIWYG: What you see is what you get! *Seite 168*

28. Einen inneren Film »drehen«

Nutzen Sie die Mentaltechnik der Profisportler: Kreieren Sie einen inneren Film, wie Sie Ihr Ziel erreichen werden. Je detaillierter der innere Film, desto einfacher und schneller die Umsetzung in die Tat. *Seite 166 ff.*

29. Sofort beginnen

Tun Sie den ersten Schritt so schnell wie möglich, fangen Sie einfach schon mal an und gewinnen Sie so einen Vorsprung vor Ihrem Schweinehund. Einfach so! Auch wenn Sie noch nicht ganz in Stimmung dazu sind! *Seite 170 ff.*

30. Nie aus einer momentanen Laune heraus aufgeben

Schmeißen Sie die Flinte nicht im Affekt ins Korn! Bestimmen Sie Etappentermine als mögliche »Revisionstage«, an denen Sie entscheiden können, ob Sie Ihren Entschluss wirklich aufgeben wollen. Treffen Sie diese Entscheidung rational – nicht aus einer momentanen Laune heraus! *Seite 173*

31. Negative Gefühle aushalten

Sie sollten lernen, auch einmal negative Gefühle auszuhalten, statt sofort vor diesen zu fliehen. Wird der Sog zum Ausweichen und Nachgeben allzu stark, so fragen Sie sich, ob die Angelegenheit wirklich ein Muss darstellt – jetzt und sofort! *Seite 173 f.*

32. Einen Gang zurückschalten

Wenn Ihnen etwas zu anstrengend wird, verlangsamen Sie das Tempo, reduzieren Sie Ihr Pensum. Wenn es gar nicht mehr zu gehen scheint, dann schmeißen Sie ruhig alles hin – aber nur für diesen Tag. Dann machen Sie weiter! *Seite 174*

33. Sich nicht mit anderen vergleichen

Vergleichen Sie sich nicht mit viel Besseren (denn das zieht Sie runter) und auch nicht mit viel Schlechteren, denen, die aufgeben oder aussteigen (denn das zieht Sie raus). Wenn schon ein Vergleich unumgänglich ist, dann allenfalls mit denen, die durchhalten (denn das zieht Sie mit). *Seite 174 f.*

34. Zwischenergebnisse kontrollieren

Kontrolle dient zur Orientierung (wie weit Sie sind und was noch fehlt), zur Anpassung des Plans (soweit erforderlich) und zur Motivation (indem Sie sich Ihre bisherigen Teilerfolge bewusst machen). Visualisieren Sie Ihren Fortschritt, verschriften, zeichnen oder malen Sie ihn – und hängen Sie das Ergebnis am besten gut sichtbar auf. *Seite 175 ff.*

35. Belohnungen nicht vergessen

Planen Sie von Anfang an Belohnungen mit ein und versäumen Sie nicht zu feiern, wenn Sie Ihr (Etappen-)Ziel erreicht haben. Betrügen Sie sich (und Ihren Schweinehund) nicht um die versprochene Prämie. *Seite 177*

36. Sich den Anfang erleichtern

Am Anfang ist Ihr Investment am höchsten, die Rendite aber vielleicht noch gering. Machen Sie es sich daher zu Beginn so leicht wie möglich. Fangen Sie klein an. Überfordern Sie sich nicht. So bekommen Sie am schnellsten Erfolgserlebnisse.
Seite 188 ff.

37. Sich langsam steigern

Legen Sie die Latte langsam, aber stetig ein wenig höher, steigern Sie zum Beispiel jede Woche Ihr Pensum – aber achten Sie sorgsam auf Ihre Grenzen. Sonst schnappt der Schweinehund zu! *Seite 189 f.*

38. Rhythmische Wiederholung nutzen

Um eine neue Gewohnheit zu schaffen, bedarf es der ständigen rhythmischen Wiederholung. Welche Tätigkeit auch immer Sie auf Dauer »implementieren« wollen: Tun Sie etwas möglichst stets zur selben Zeit, am selben Ort und in der gleichen Art und Weise. Sie werden außerdem merken: Je häufiger die Wiederholung, desto schwächer der Widerstand des Schweinehundes. *Seite 190 ff.*

39. Nicht in die Ausnahmefalle tappen

Ausnahmen – insbesondere, wenn sie sich häufen – führen schnell dazu, ein Vorhaben oder eine neue Gewohnheit wieder aufzugeben. Testen Sie deshalb, ob die Ausnahme wirklich zwingend oder ob sie nur ein vorgeschobener (und Ihrem Schweinehund willkommener) Anlass ist, um sich nicht überwinden zu müssen. *Seite 192 ff.*

40. Nachholtechnik anwenden

Wenn Sie wirklich einmal zu einer Ausnahme gezwungen werden, dann holen Sie das Versäumte bei nächster Gelegenheit nach. Möglichst am selben Tag, spätestens innerhalb der nächsten Woche. Vermeiden Sie es, Nachholtermine »anzuhäufen«! *Seite 193*

41. Fünf-Minuten-Trick anwenden

Sollten Sie (insbesondere in der Anfangsphase) Ihr normales Programm aus Zeitgründen nicht »durchziehen« können, so bleiben Sie wenigstens mit einem Minimalprogramm am Ball – und seien es zum Beispiel nur fünf Minuten Lauftraining täglich. Damit verhindern Sie, aus dem Rhythmus zu kommen. *Seite 194*

42. **Sandwichtechnik benutzen**
Verankern Sie ein neues Verhalten zwischen zwei bereits bestehenden Gewohnheiten (die Sie nicht verändern wollen). Die »Fließgeschwindigkeit« des Bestehenden wird das neue Verhalten unterstützen und »mitziehen«. *Seite 194 f.*

43. **Verbündete suchen**
Sich mit anderen Menschen zum gemeinsamen Training zu verabreden schützt insbesondere vor Ausnahmefallen. Wer gibt sich schon gerne die Blöße zu kneifen! Suchen Sie eine homogene Gruppe mit annähernd gleichem Niveau. *Seite 197 ff.*

44. **Bündnisse und Pakte schließen**
Schließen Sie mit einer anderen Person einen Pakt, was Sie tun oder nicht tun wollen; möglichst mit Sanktionen für die Nichteinhaltung des Bündnisses. Fixieren Sie Ihre Ziele am besten schriftlich. Das macht sie verbindlich. *Seite 200 f.*

45. **Orte und Vereine mit Gleichgesinnten suchen**
Orte, an denen mehrere Personen der gleichen Aktivität nachgehen, motivieren und unterstützen Sie mitzumachen. Und Ausnahmefallen werden Sie an solchen Orten kaum finden. *Seite 201 f.*

46. **Miesmacher meiden**
Meiden Sie (insbesondere am Anfang) Skeptiker, Frustrierte, Pessimisten, Zyniker, Nörgler und andere Miesmacher. Diese haben oft selbst resigniert und wollen dann auch noch andere abhalten, ihr Leben umzukrempeln oder zu verbessern. *Seite 202*

47. Sicherheit durch Commitments erzielen

Geben Sie, neben der verbindlichen Abmachung mit sich selbst, auch anderen gegenüber eine Sie verpflichtende Erklärung ab. Einen öffentlich verkündeten Vorsatz gibt man nicht so leicht wieder auf! *Seite 202 f.*

48. Die Kraft des Investments nutzen

Finanzielle Investitionen lässt man nicht so leicht verpuffen. Ob Kauf oder Abonnement, es wäre schade um das Geld! Das Gleiche sollte für investierte Mühen gelten. Ihr Investment fördert so den »Return on Investment«. *Seite 203 f.*

49. Mit dem Schweinehund verhandeln

Fragen Sie den Schweinehund nach der möglicherweise positiven Absicht, die hinter einem bestimmten Sabotageakt steckt. Würdigen Sie diese Absicht und suchen Sie andere Wege, Ihr Vorhaben zu verwirklichen. Schließen Sie mit Ihrem Schweinehund einen Vertrag, an den sich beide Seiten halten. *Seite 205 ff.*

50. Mit dem Schweinehund regelmäßig trainieren

Machen Sie täglich eine kleine Schweinehunde-Übung, das heißt etwas, wobei Sie sich überwinden müssen, und am besten (mindestens) einmal jährlich eine größere, schwierigere Übung. So lernen Sie sich und Ihren Begleiter besser kennen und zähmen ihn mehr und mehr. *Seite 208 ff.*

14. Fazit

Wir haben offenbar einen Persönlichkeitsteil in uns, der uns immer wieder im Weg ist, unsere Vorhaben sabotiert, und den es immer wieder zu überwinden gilt. Im allgemeinen Sprachgebrauch bezeichnet man ihn als den »inneren Schweinehund«. Dieser Teil hat jedoch einen Sinn und verfolgt in vielen Fällen einen positiven Zweck für uns, den es zu entdecken gilt.

Den inneren Schweinehund kann man zähmen und ihn vom Feind zum Freund machen. Voraussetzung dafür ist es, ihn zu akzeptieren, zu lernen, auf ihn zu hören, ihm eine berechtigte Nische im Leben einzurichten und ihm gleichzeitig Grenzen zu setzen.

Im Umgang mit diesem inneren Begleiter können wir erfahren, dass es im Leben darum geht, immer wieder Herausforderungen anzugehen, ohne uns dabei zu überfordern. Entscheidende Veränderungen im Leben lassen sich selten im »Hauruck-Verfahren« bewirken, sondern sollten langsam, behutsam, in kleinen Schritten und Etappen angegangen werden. Dann wird uns auch der Schweinehund nicht sabotieren.

Bei jedem Menschen äußert sich der innere Schweinehund anders, bei jedem hat er wohl auch eine andere Funktion. Und so muss jeder auf seine Weise lernen, mit ihm zu leben, und seinen Weg finden, ihn zu zähmen und zum Freund zu machen. Dieser Weg aber kann spannend, befreiend und äußerst bereichernd sein. Versuchen Sie es!

Und was danach geschah …

Auf der Sonderkonferenz der Schweinehunde, die anlässlich des vorliegenden Buches stattfand, ging es äußerst erregt und wild zu. Im Vergleich dazu war die Jahreskonferenz fast ruhig und friedlich verlaufen. Alle anwesenden Schweinehunde hatten eine Kopie des Manuskriptes erhalten und diese gelesen, doch ihre Reaktionen fielen völlig unterschiedlich aus. Die Schweinehunde-Liga war in sich gespalten.

Die Fraktion der Konservativen misstraute dem Anliegen und der möglichen Wirkung des Buches. Sie hielten alles für einen Trick des Menschen im Kampf gegen den inneren Schweinehund, mit dem Ziel, ihn doch zu besiegen und einzusperren. Die Konservativen forderten, ein Schweinehunde-Regenerationszentrum zu errichten, um den »alten« Schweinehund wieder zu neuen Kräften zu erwecken und neue Kampftaktiken zu erproben. Insbesondere planten sie eine konzertierte Aktion von Gegenmaßnahmen, um die Verbreitung des Buches, dessen Lektüre oder spätestens die Befolgung der dort gegebenen Ratschläge zu verhindern. Doch aus all diesen Aktionen wurde nicht viel! Sie hatten nicht mit ihren eigenen inneren Schweinehunden gerechnet (vielleicht waren sie sich dieser auch gar nicht bewusst). Jedenfalls konnten sich etliche Vertreter der konservativen Fraktion gar nicht erst zu einer Entscheidung durchringen (das Ganze habe sowieso keinen Zweck …), andere meinten, man könne ja vielleicht einmal versuchen ..., wiederum andere hatten sich zwar entschieden, fanden aber nie den richtigen Zeitpunkt oder waren nie in der richtigen Stimmung für die Umsetzung, und die übrigen brachen ihre Aktionen schnell wieder ab, als sie bemerkten, dass die anderen ja auch nichts taten ...

Die Schweinehunde der liberalen Fraktion dagegen begrüßten das Erscheinen des Buches. Sie glaubten, endlich verstanden worden zu sein. Viele Ratschläge sprachen ihnen aus dem Herzen, und sie hofften auf ein Ende der alten Kämpfe und ein neues Zeitalter der Kooperation und Freundschaft.

Und Ihr Schweinehund? Zu welcher Fraktion mag er gehören? Letztlich wird es von Ihnen abhängen! Vielleicht müssen Sie den ersten Schritt tun, ihm entgegenkommen und ihm die Hand reichen. Wenn es Ihnen gelingt, ihn zu zähmen und als Verbündeten zu gewinnen, können Sie Ihr Leben entscheidend verbessern. Dann werden Sie nicht mehr ständig gegen einen Saboteur kämpfen müssen, sondern Ihre Vorhaben zusammen mit einem neuen Freund verwirklichen.

Hierzu wünsche ich Ihnen viel Geschick, viel Geduld und gutes Gelingen!

Marco von Münchhausen

Literatur für Ihren Schweinehund

Birkenbihl, Vera F.: *Erfolgstraining. Schaffen Sie sich Ihre Wirklichkeit selbst.* 12. Aufl. Landsberg: mvg, 2001

Christiani, Alexander: *Weck den Sieger in Dir! In 7 Schritten zu dauerhafter Selbstmotivation.* 2. Aufl. Wiesbaden: Gabler, 2000

Csikszentmihalyi, Mihaly: *Flow – Das Geheimnis des Glücks.* 9. Aufl. Stuttgart: Klett-Cotta, 2001

Damasio, Antonio R.: *Descartes' Irrtum. Fühlen, Denken und das menschliche Hirn.* 3. Aufl. München: List, 1997

Goleman, Daniel: *EQ. Emotionale Intelligenz.* München: dtv, 2000

Goulding, Mary McClure: *»Kopfbewohner« oder: Wer bestimmt dein Denken? Wie du die Feindschaft gegen dich selbst mit Spaß und Leichtigkeit in Freundschaft verwandelst.* 6. Aufl. Paderborn: Junfermann, 2000

Harms, Meint: *Der innere Schweinehund in Zivil.* 1954

Johnson, Spencer: *Eine Minute für mich.* Reinbek: Rowohlt, 1999

Kingston, Karen: *Feng Shui gegen das Gerümpel des Alltags.* Reinbek: Rowohlt, 2000

Küstenmacher, Werner Tiki; Seiwert, Lothar J.: *Simplify your life. Einfacher und glücklicher leben.* Frankfurt/New York: Campus, 15. Aufl. 2004

Lazarus, Arnold; Fay, Allen: *Ich kann, wenn ich will. Anleitung zur psychologischen Selbsthilfe.* München: dtv, 2001

Münchhausen, Marco von: *Die kleinen Saboteure. So managen Sie die inneren Schweinehunde im Unternehmen.* Frankfurt/New York: Campus, 2003

Münchhausen, Marco von: *Die vier Säulen der Lebensbalance. Ein Konzept zur Meisterung des beruflichen und privaten Alltags.* München: Econ, 2003

Münchhausen, Marco von: *Wo die Seele auftankt. Die besten Möglichkeiten, Ihre Ressourcen zu aktivieren.* Frankfurt/New York: Campus, 2004

Münchhausen, Marco von; Despeghel-Schöne, Michael: *Abnehmen mit dem inneren Schweinehund.* München: Gräfe und Unzer, 2005

Rückert, Hans-Werner: *Schluss mit dem ewigen Aufschieben. Wie Sie umsetzen, was Sie sich vornehmen.* 5. Aufl. Frankfurt/New York: Campus, 2002

Seiwert, Lothar J.: *Wenn Du es eilig hast, gehe langsam. Mehr Zeit in einer beschleunigten Welt.* 9. Aufl. Frankfurt/New York: Campus, 2005

Sprenger, Reinhard K.: *Die Entscheidung liegt bei Dir! Wege aus der täglichen Unzufriedenheit.* 13. Aufl. Frankfurt/New York: Campus, 2005

Weinstein, Matt: *Management by fun.* Landsberg: mvg, 1999

Dr. Marco Freiherr von Münchhausen

ist renommierter Referent und Trainer im Bereich Persönlichkeits- und Selbstmanagement. Seine Vorträge und Seminare hält er europaweit zu folgenden Themen:

- **Work-Life-Balance**
  Wie Sie Berufs- und Privatleben in Einklang bringen

- **Motivation und Stressmanagement**
  Wie Sie ihre Ziele effektiver und mit weniger Reibungsverlusten erreichen

- **Selbstmanagement im Alltag**
  Wie Sie Ihren inneren Schweinehund zähmen und zum Freund machen

- **Aktivierung innerer Ressourcen**
  Wie Sie Ihren inneren Akku immer wieder aufladen können

Wie Sie die Illustrationen des Buches als E-Cards
sowie weitere Artikel zum Thema erhalten können,
erfahren Sie im Internet:

www.vonmuenchhausen.de